最初に読みたい
アクティブラーニングの本

チャールズ・ボンウェル／ジェームス・エイソン 著

高橋 悟 監訳

KAIBUNDO

Active Learning: Creating Excitement in the Classroom
by Charles C. Bonwell and James A. Eison

All Rights Reserved.

This translation published under license with
John Wiley & Sons International Rights, Inc.
through Japan UNI Agency, Inc., Tokyo

監訳者まえがき

　近年「アクティブラーニング」という言葉をしばしば見たり聞いたりするようになった。書店ではアクティブラーニングに関する多くの本が所狭しと並べられており，またオンライン書店で「アクティブラーニング」と打つと，400件を超える検索結果が出てくるほどである。

　2008年9月に文部科学大臣は中央教育審議会に対し「中長期的な大学教育の在り方について（諮問）」を発し，これを受けて2012年8月に同審議会は「新たな未来を築くための大学教育の質的転換に向けて（答申）」を提出した。日本でアクティブラーニングという言葉が急速に脚光を浴びるようになったのはこの答申が発端となっていると考えられる。なお，同答申の用語集によれば，アクティブラーニング（原文表記は「アクティブ・ラーニング」）は次のように定義されている。

> 教員による一方的な講義形式の教育とは異なり，学修者の能動的な学修への参加を取り入れた教授・学習法の総称。学修者が能動的に学修することによって，認知的，倫理的，社会的能力，教養，知識，経験を含めた汎用的能力の育成を図る。発見学習，問題解決学習，体験学習，調査学習等が含まれるが，教室内でのグループ・ディスカッション，ディベート，グループ・ワーク等も有効なアクティブ・ラーニングの方法である。

　しかし，アクティブラーニングの語源は英語である。日本の状況はともかくとして，訳者らは次の3つの素朴な疑問を抱いた。

- アクティブラーニングという言葉を最初に書籍や論文で使ったのは誰か
- その書籍や論文ではアクティブラーニングについてどんなことが書かれているのか

- それを突き止めて読み込むことがアクティブラーニングを正しく理解し実践するための出発点ではないか

アクティブラーニングの原典ともいえる文献を探す作業は次のような経路をたどった。まず書籍については，"active learning" という言葉がタイトルに含まれている以下の 2 冊が共に 1991 年に出版されていることが判明した。

- Active Learning: Creating Excitement in the Classroom
  （Bonwell, Charles C., and James A. Eison 著）
- Active Learning: Cooperation in the College Classroom
  （Johnson, David W., Roger T. Johnson, and Karl A. Smith 著）

訳者らは早速この 2 冊を取り寄せて比較検討した。その結果，1 冊目は米国高等教育研究学会（ASHE）と ERIC 高等教育情報センターからシリーズとして出版されている由緒ある研究レポートであり，しかもその第 1 巻であることが判明した。2 冊目は世界的に著名な研究者によって書かれたものであるが，タイトルこそ "active learning" と銘打たれているものの，その中身はほぼすべて協同学習（cooperative learning）に関するものであった。Keyser（2000）[*1] は，協同学習はアクティブラーニングの一形態であり，協同学習は常にアクティブラーニングであるが，すべてのアクティブラーニングが協同学習であるとは限らないと述べている。こうした点から訳者らはアクティブラーニングを理解するための書籍としては 1 冊目のほうが妥当であると判断した。ちなみに 2 冊目は『学生参加型の大学授業：協同学習への実践ガイド』という書名で 2001 年に和訳が出版されている。

次に学術論文としては，Frederick と Chickering and Gamson が "active learning" という言葉を含む別々の論文を 1987 年に発表している。2 本とも本書の中で引用されており，巻末の参考文献の中に掲載されている。

- Student Involvement: Active Learning in Large Classes

[*1] Keyser, Marcia W. 2000. "Active learning and cooperative learning: understanding the difference and using both styles effectively." *Research Strategies* 17(1), 35–44.

（Frederick, Peter J. 著）
- Seven Principles for Good Practice in Undergraduate Education
（Chickering, Author W., and Zelda F. Gamson 著）

　1 本目の論文は "New Directions for Teaching and Learning" という学術誌に掲載され，その後 "Teaching Large Classes Well" という冊子に収録された。この論文は双方向講義，教師から学生への質問，小グループディスカッション，クリティカルシンキングと問題解決の演習，ロールプレイなど，大教室におけるアクティブラーニングの様々な技法の使い方について述べており，本書の筆者らも大きな示唆を得たものと考えられる。2 本目の論文はタイトルに "active learning" という言葉はないものの，本文中では明示的に使われており，本書の 4 ページにもアクティブラーニングの必要性に対する同論文の著者の主張がそのまま引用されている。おそらく学術論文としてはこれらが最も古い部類に属すると思われる。実はさらに 1980 年代前半に発表された論文の中にも "active learning" という用語を含むものがごく少数あったが，本書の原著の参考文献には掲載されておらず，また今日とは異なる文脈で論じられていたり，アクティブラーニングに関する明確な説明なしに論考が進められていたりするため，ここでは紹介しない。

　訳者らは検討の結果，先行研究を網羅的にレビューしアクティブラーニングについて包括的に解説した 1 冊目の書籍，すなわち本書を翻訳することは社会的意義が高いと考えるに至った。そして精読し翻訳することに決めた。早速，筆者の 1 人のボンウェル博士に連絡を取ったところ，和訳することを歓迎してくれた。さらに原著が出版された 1991 年から歳月を経ていることから，日本の読者に短いメッセージを寄せてほしいとお願いしたところ，思いもかけず，出版後にアクティブラーニングに影響を与えた高等教育の動向について加筆すると快諾してくださった。したがって，本書の「補章」は日本語版だけに贈られたボーナス特典である。ここにボンウェル博士とエイソン博士の両名に心から感謝の意を表したい。

ここで再び我が国の状況に目を向けたい。2016 年度の文部科学省の学校基本調査の公表結果によれば，全国の大学数は 777 校（国立 86 校，公立 91 校，私立 600 校），学部学生数 257 万人，学部入学者数 62 万人，学部進学率（現役）は 49.3 ％（短大を含めて 54.8 ％）である。また 2014 年度の同省の関連データによれば，2017 年の 18 歳人口は 120 万人であるが，翌年から減少傾向を一段と強め，14 年後の 2031 年には 100 万人を切ると推計されている。つまり母数が 20 万人減ることから，学部進学率を仮に 5 割とすると入学者が全国で 10 万人減ることになる。このことは大学 1 校あたりの入学定員を 1000 人とした場合，100 校分の新入生が消失することを意味する。まさに大学は生き残りをかけ，魅力的で身に付く授業を提供し，それを「売り」として学生を集める必要性に迫られている。さらに今後，個々の大学が現在と同程度の入学定員を満たそうと努力すればするほど，全体としては学習への動機付けの低い学生がますます多く入学してくると予測される。したがって，大学は知識そのものに加え，学生に学ぶこと，考えること，他者と力を合わせること，および自らを省察することの大切さやスキルを教えるような授業を拡充していくことが求められる。

　本書には，こうした差し迫った近未来の状況に対応するための多くのヒントが詰め込まれており，読者の方々には本書を通じて得られたことをほんの少しでも教室内で実践していただければと願っている。

　なお，本書の原著は非常に明快な英語で書かれており，もし理解しにくい部分があるとすれば，それはひとえに監訳者の技術の拙さによるものである。ちなみに昨今多用されている「学修」という言葉はあえて使わず，「学習」あるいは「学び」と訳出した。英語では "learning" という平易な言葉の中に豊かで深い意味合いが含まれているからである。

　最後に，四半世紀も前に出版された原著の今日的価値を認め，訳者らを信頼し，出版に向けて様々な労を取ってくださった海文堂出版編集部の岩本登志雄氏に心からお礼を申し上げたい。

2017 年 3 月
高橋　悟

エグゼクティブサマリー

　1980年代を通じて高等教育分野の多くの指導者（Cross 1987）と一連の国家レポート（Study Group 1984）は，学生を学びのプロセスに巻き込むよう大学教員に対して繰り返し訴えた。こうした切なる呼びかけにもかかわらず，教員が話して学生が聞くという伝統的な講義型授業が大学の教室では主流を占めていた。だからこそ重要なのは，アクティブラーニングの性質，その活用についての実証研究，双方向授業に対する教員の抵抗を生み出す全般的な障害・障壁，そしてどのようにすれば教員，FD（教員の能力開発）担当者，事務職員，教育研究者たちがアクティブラーニングの実効性を担保できるかについて理解することである。

アクティブラーニングとは何か，なぜそれが重要か

　驚くべきことに，教育者は「アクティブラーニング」という言葉を共通の定義ではなく直感的な理解に基づいて使っている。その結果，多くの教員は学びとは本質的にアクティブであり，学生は教室で秩序だった講義を聞いて活発に学んでいると主張する。

　しかしながら研究文献の分析（Chickering and Gamson 1987）によれば，学生は聞くことより多くのことをしなければならない。すなわち学生は読み，書き，議論し，時には問題解決に取り組まなければならない。最も重要なことは，活発に学びに関わるためには，彼らが分析・統合・評価といった高次の思考作業に従事する必要があるということである。この文脈において，アクティブラーニングを促進する方略とは，学生を何らかの作業に取り組ませ，その作業を行っていること自体について考えさせる教育活動と定義されうる。

これらの技法を教室で用いることは，彼らの学びに強力なインパクトを与えるがゆえに極めて重要である。例えば，いくつかの研究は学生が伝統的な講義よりもアクティブラーニングを促進する方略を好むことを示している。また学生の学業成績に着目した他の研究では，アクティブラーニング型授業は，学習内容の習得という点で講義型授業と同等の効果を持つだけでなく，学生の思考・執筆スキルの向上に際してはむしろ講義型授業よりも優れていることが明らかにされている。さらに，いくつかの認知面の研究では，相当数の学生には講義よりも教育学的技法によって支えられた学習スタイルこそが最適であることが示されている。それゆえ良い授業に向けて配慮の行き届いた学究的アプローチをとるためにも，教員には学問領域を越えて成功裏に適用されるアクティブラーニングを促進する多くの方法について精通することが求められる。加えて各教員には講義以外の様々な教授法を進んで試そうとする意欲が自身にあるかを問いつつ，自己省察することが要求される。

どのようにアクティブラーニングを教室に取り入れるか

　従来の講義に変更を加えること（Penner 1984）はアクティブラーニングを教室に取り入れる1つの方法である。例えば，教員が毎講義時に3回，各2分間，学生に自分のノートを整理する時間を与えることによって，学生はより多くの情報を飛躍的に得るようになるとの研究がある（Ruhl, Hughes, and Schloss 1987）。教員が簡単に実演し，学生が成績評価と無関係の短いライティング作業を行った後にクラス全体で議論することも，講義型授業において学生を学びへと誘う，単純だが効果的な方法である。講義形式の代替として次のやり方も学生の参加を促す。1つは，ミニ講義2回の合間に教材に応じた小グループ・ディスカッションを挟み，最後に全体にフィードバックする方法である。もう1つは，まず学生はノートを取らずに20〜30分講義を聞き，次に5分間で覚えていることを書き，残りの授業時間でグループに分かれて学んだことを明確化・精緻化する方法である。

このような従来の授業に修正を施すアプローチは，「大教室授業は特別なケースか？」という疑問を生む。教員の間には大教室授業は学生の活発な参加を妨げるという共通認識があるが，既存の研究は別の面を示唆する（Frederick 1986）。例えば，いかなるサイズの教室であっても教員は学生に対し，問いに対する簡単な回答を書き，左右どちらかに座っている仲間とペアになり，お互いの回答を比較・対照するように指示することができる。

　授業におけるディスカッションはアクティブラーニングを促進する最もよく使われる方略の1つであり，それは正当な理由によるものである。もし，ある授業の目的が，長期にわたる知識の保持を奨励し，さらなる学びへと学生の動機づけを高め，新しい場面で知識を活用することを促し，あるいは学生の思考スキルを開発することであれば，ディスカッションは講義よりも望ましい（McKeachie et al. 1986）。しかし，これらの目的を達成するには，教員は発問しディスカッションを進めるための様々な代替的技法と方略に熟知していなければならず（Hyman 1980），学生がむしろリスクを冒すことを勧めるような知的で心理的な支援環境を創り出す必要がある（Lowman 1984）とする研究がある。

　さらにアクティブラーニングを促進するいくつかの方略は，学生の学習態度と成績に好影響を与えることが確認されている。例えば，視覚的な指導法は他の双方向的技法を駆使する際の一助となりうる。また授業中に学生に何かを書かせることは，学問領域を越えて学生をその作業に没入させ，その作業について考えさせるうえで生産的な方法である。問題解決型の指導法として一般的なものは，事例研究に基づくものとガイデッド・デザインである。教員の実用に供される他のアクティブラーニング技法には，協同学習，ディベート，ドラマ，ロールプレイ，シミュレーション，ピア・ティーチングなどがある。要するに従来型の指導に代わる技法に関する既存の文献は，教員が容易に自分の指導スキルのレパートリーに加えられるようなアプローチを載せた豊富なメニューを提供しているのである。

何が障壁か

　なぜ大半の教員が教育改革に向けた近年の呼びかけに応じないのか。これについて対処するには，まず教育上の変化に対する以下の共通の障壁を特定し理解することが必要である。

- 教育の伝統が有する強力な影響
- 教員の役割というものに対する自己認識と自己定義
- 変化がもたらす戸惑いと不安
- 変化に対する教員への限られたインセンティブ

　他方，アクティブラーニングの導入は特定の具体的障害と密接に関わっている。

- 限られた授業時間内に決められた学習内容を十分にカバーすることの困難さ
- 準備時間が増える可能性
- 大教室でアクティブラーニングを実施することの困難さ
- 必要な教材，機器，リソースの不足

　しかしながら唯一にして最大の障壁は，アクティブラーニングを導入しようとする教員の努力にはリスクが生じるということである。そのリスクとは，学生が参加せず，高次思考を働かせず，十分に題材を学ばないこと，そして教員が必要なスキルを欠き，制御できず，非正統的な教え方をしているとの非難に遭うことである。しかしながら各々の障害・障壁とリスクは周到かつ熟慮を重ねた計画を通じて克服することが可能である。

どのような結論が導き出され，どのような提言がなされるべきか

　高等教育における教育実践の改革は何よりもまず教員が努力することから開始されなければならない。1つの優れた最初のステップは教員が心地よいと感

じるアクティブラーニングを促進する方略を選択することである。そうしたリスクの低い方略は典型的には短期間のものであり，構造的でよく練られ，難解で論争を招くような科目内容を扱わず，教員と学生の双方にとって親しみのあるものである。

逆にこれらの点が1つでも変わるとリスクは増大する。しかし，学生の活動を促しつつリスクをもたらす可能性のある教授法を少しずつ取り入れることによって，教員はアクティブラーニングの実践に向けて大きな障害や障壁の1つ1つを乗り越えていくことができるであろう。

FD担当者は配布するニュースレターや出版物の中でアクティブラーニングの教育的重要性に光を当てることにより，教員を刺激し，教授法を変える取り組みを後押しすることが可能である。さらにアクティブラーニングの実践は，教員向けワークショップのテーマにもなるし，そのようなプログラムを進行する手法にもなる。そして重要なことは，FD担当者が教授法を変えようとしている教員をフォローし支援するニーズを認識することである。

教務職員は，総じて卓越した授業を行い教育上の革新を特に進めている教員を識別し報酬を与えることによって，こうした取り組みを支援することができる。この種の実務上のコミットメント（Cochran 1989）を示す包括的なプログラムには次のようなものがある。

- 雇用に関する組織の方針と慣行
- 組織の発展に向けた十分なリソースの配分
- 運営管理上の戦略的アクションプランの策定

同様に大切なことは，将来の授業実践の手引きとなる科学的根拠を持つ厳密な研究がより多く行われることである。現時点においてアクティブラーニングについての大半の論文は，実証研究というよりもむしろ記述的な説明である。その多くは年代的にも方法論的にも旧く，重要な概念的事柄も探究されているとはいえない。したがって次のような新しい質的・量的な研究が進められるべきである。

- 講義や説明によって学生の学びを高める方略の検討
- これまで見過ごされてきた，性別，学習スタイル，知的発達段階など，教育上重要な学生の特性の影響に関する探究
- 教員読者層の広い学術誌における成果の普及

　振り返ってみるとアクティブラーニングに関するこれまでの授業実践と文献資料は，しばしば断片的で隔絶していたように思える。それゆえ教育上の努力の結果も一貫性を欠き，双方向授業の目標も達成されずにいる。しかしながら，個々の教員，FD担当者，教務職員および教育研究者間の協調的取り組みによって，高等教育は次の10年間でアクティブラーニングの実効性を担保できると信じている。

＜諮問委員会＞

Alberto Calbrera　Arizona State University
Carol Everly Floyd　Board of Regents of the Regency Universities System State of Illinois
L. Jackson Newell　University of Utah
Barbara Taylor　Association of Governing Boards of Universities and Colleges
J. Fredericks Volkwein　State University of New York-Albany
Bobby Wright　Pennsylvania State University

＜編集委員＞

Brenda M. Albright　State of Tennessee Higher Education Commission
Walter R. Allen　University of California
William E. Becker　Indiana University
Louis W. Bender　Florida State University
Paul T. Brinkman　National Center for Higher Education Management Systems
David G. Brown　University of North Carolina-Asheville
David W. Chapman　State University of New York-Albany
Jay L. Chronister　University of Virginia
Linda Clement　University of Maryland
Richard A. Couto　Tennessee State University
Peter Frederick　Wabash College
Mildred Garcia　Montclair State College
Edward R. Hines　Illinois State University
Don Hossler　Indiana University
John L. Howarth　Private Consultant
William Ihlanfeldt　Northwestern University
Greg Johnson　Harvard College
Jerry W. Miller　American College Testing
James R. Mingle　State Higher Education Executive Officers
Richard W. Moore　California State University-Northridge
Richard Morrill　Centre College
C. Gail Norris　Utah System of Education, State Board of Regents
Laura I. Rendón　North Carolina State University
Richard Robbins　State University of New York-Plattsburg
Charles U. Smith　Florida Agricultural and Mechanical University
Sharon P. Smith　Princeton University
Susan Stroud　Brown University
William R. Whipple　University of Maine

＜審査委員会＞

Charles Adams　　University of Massachusetts-Amherst
Richard Alfred　　University of Michigan
Philip G. Altbach　　State University of New York-Buffalo
Louis C. Attinasi, Jr.　　University of Houston
Ann E. Austin　　Vanderbilt University
Robert J. Barak　　Iowa State Board of Regents
Alan Bayer　　Virginia Polytechnic Institute and State University
John P. Bean　　Indiana University
Louis W. Bender　　Florida State University
Carol Bland　　University of Minnesota
Deane G. Bornheimer　　New York University
John A. Centra　　Syracuse University
Arthur W. Chickering　　George Mason University
Jay L. Chronister　　University of Virginia
Mary Jo Clark　　San Juan Community College
Shirley M. Clark　　Oregon State System of Higher Education
Darrel A. Clowes　　Virginia Polytechnic Institute and State University
Robert G. Cope　　University of Washington
John W. Creswell　　University of Nebraska-Lincoln
Richard Duran　　University of California
Larry H. Ebbers　　Iowa State University
Kenneth C. Green　　University of Southern California
Edward R. Hines　　Illinois State University
George D. Kuh　　Indiana University-Bloomington
James R. Mingle　　State Higher Education Executive Officers
Michael T. Nettles　　University of Tennessee
Pedro Reyes　　University of Wisconsin-Madison
H. Bradley Sagen　　University of Iowa

目次

はじめに xv
謝辞 xvii

第1章　アクティブラーニングとは何か 1
アクティブラーニングを定義する 1
アクティブラーニングはどれくらい多く起こるのか 3
指導的教育者たちの主張 4
高等教育の深刻な問題 4

第2章　講義をアレンジする 7
理解と定着を高めるための中断 11
テストとクイズ 11
実演 13
代替的な講義形態 13
学生が考え出す質問 15
大教室授業は特別な事例か 15

第3章　質問とディスカッション 21
学生を支える教室環境 22
ディスカッションの題材 24
質問のタイプ 25
効果的な質問手法 29
ディスカッションの方略とスタイル 31

第4章　アクティブラーニング促進のための方策 35
視覚に訴える教育 35
授業で書く 38
問題解決 41

コンピュータを利用した教育 45
　協同学習 47
　ディベート 49
　ドラマ 50
　ロールプレイ，シミュレーションとゲーム 51
　学生同士の教え合い 55

第5章　授業変革への障壁 59
　変革への全般的な障壁 59
　アクティブラーニング導入の障壁 66
　リスク：あらゆるものの中で最も困難な障壁 70

第6章　結論と提言 73
　大学教員の役割 73
　FD担当者の役割 79
　大学職員の役割 82
　教育研究者の役割 85

補章　日本語版に寄せて 91
　クリティカルシンキング 93
　教室でのアセスメント 96
　学習スタイル 98
　テクノロジー 102
　結論 105

参考文献 109
索引 121
著者紹介 122
訳者紹介 123

はじめに

　大学教員の教育効果に係る説明責任は近年ますます高まっている。学生は教育プロセスに関われば関わるほどより一層学ぶということが研究で明らかにされてきた。しかし，大半の教員は最も受動的な授業形態の1つ，すなわち講義を採用し続けている。なぜこの方法を好むのかと教員に質問すると，それを心地よいと感じるから，という回答が多い。

　講義は多くの教員が自分の学生時代に経験した教授法である。何人かの教員は講義することによって自分が与える情報の内容と量を自在にコントロールできると感じている。また，ひとたび情報を伝達すれば，彼らはその意味を学生に授けるという責任を果たしたと感じている。しかし教育効果の低さを知るに至り，学生も教員もこの教育アプローチにかつてほどは満足しなくなってきている。

　学生の学びのプロセスへの参加を増大させるアクティブラーニングという概念は，教育効果を高めるうえで不可欠の技法である。多くの場合，アクティブラーニングは費用をかけることなく，現行の教え方にわずかな修正を施すことによって実現可能である。それは低いリスクで高い効果を上げる。

　Charles C. Bonwell は，サウスイーストミズーリ州立大学の教育学習センターの所長であり，また歴史学科の教授である。James A. Eison はサウス・フロリダ大学の授業改善センターの初代所長である。彼らはこの本の中でアクティブラーニングの要素と長所を提示している。また伝統的な講義の修正点，代替する講義形式，追加的なアクティブラーニングの方略，研究者および様々な大学関係者の役割，そしてアクティブラーニング導入の際の障害についても論じている。

　教えることは芸術であり，また習得できるスキルである。今の教え方に満足

していない教員は，本書に示された教育効果を改善するための様々な選択肢について考察していくにつれ，本書を有益なものと認めるであろう。指導的立場にいる教員もまた，新しい目標と方向性を定め，教員への期待を高めるうえで本書の価値に気づくであろう。

Jonathan D. Fife
研究レポートシリーズ編者，教授，ERIC 高等教育情報センター所長

謝辞

　ASHE-ERIC 研究レポートシリーズの編者 Jonathan Fife 氏に特別の謝意を表したい。本書は氏の鋭い指摘と温かい励ましの賜物である。同じくサウスイーストミズーリ州立大学と南フロリダ大学の教職員の仲間にも心から感謝したい。彼らの助言と支援は本書に欠かせないものであった。また筆者らがファシリテーターを務めたワークショップの参加者は，アクティブラーニングに対する我々の考えを洗練化・精緻化するうえで大きな力を与えてくれた。その数は数千人にのぼるが，すべての方々にお礼を述べたい。さらに個人的なレベルでは，莫大な時間を費やして原稿をタイプし校正してくれた事務スタッフの Lisa Hart，Theresa Burke，Christy Montgomery の各氏に感謝申し上げたい。最後に，筆者の最大の親友であり応援者でもある妻の Marcia Hampton Bonwell に感謝の言葉を捧げたい。

第1章
アクティブラーニングとは何か

　　　　能動的な探究は受け身の吸収と異なり，学生を学びへと巻き込む。それ
　　　　はカリキュラム全体に行き渡るべきである（Johnson et al. 1989, p.68）。

アクティブラーニングを定義する

　高等教育に関する文献で頻繁に見かけるにもかかわらず，「アクティブラーニング」という言葉には特定できる起源や共通の定義が欠けているようである。例えば John Dewey は古典的著書『民主主義と教育』において，学習とは「個人が勉強するときに為すことであり，それは能動的で個人的に為される事柄である」（1924, p.390）と簡潔に述べている。しかし近年の話し手や書き手は概してその言葉を直感的な理解に従って使っており，その結果，曖昧さと混乱が生じている。例えば国家レポート「学びへの参加（Involvement in Learning）」は，教員に対して能動的な学びの形態をより幅広く取り入れるよう訴えている（Study Group 1984）。しかしながら様々なキャンパスで89人の教員に対して行ったインタビューでは，彼らは高等教育で現在使われている「参加（involvement）」という言葉の意味を知らなかったと指摘する研究がある（Stark et al. 1988）。教員にとって「参加とは，学習する題材に向き合うことを意味するというよりはむしろ"聞く""注意を払う""警戒する"といった表現と同義語のようであった」（p.95）。

　混乱を与える別の要因は，教員がよく尋ねる，「受け身の姿勢で学ぶ者など

いるのだろうか」と「"学習"という言葉はそもそも何らかの活動を伴うのではないか」という2つの質問に内在している。これらの質問への1つの答えは次の所見に見いだすことができる。

> 学生は受動的にも能動的にも学ぶ。受動的な学びは学生が「知識の器」となっているときに起こる。そのとき学生は学びのプロセスに直接参加していない。（中略）能動的な学びは学生が聞くことに加え，何かをしているときに起こることが多い（Ryan and Martens 1989, p.20）。

学生の活動の中で増加すると考えらえる一連の教室内の学習行為を思い浮かべることは，より一層有益である。受動的な結末としては，上の空で授業を受けていたり，講義に集中していたかと思えば空想にふけって集中力を欠き，講義を聞いては時折一言一句ノートを取ったりするようなことが考えられる。対照的に学習行為が活性化されていれば，逐語的ではなく自分で分かりやすく言い換えた表現で模範的な講義ノートを取り，内容への理解を自分でモニタリングし，混乱したときに不明点をメモし，そして授業中に適当なタイミングで質問することが想定される。教員は上手に議論を導き質問する技法を用いることによって，学生に題材を探究させ，短い文章を書かせるとともに書いた事柄について小グループで共有させ，さらに発表，討論，ロールプレイといった活動を取り入れることにより，学生をさらなる学びへと巻き込むことができる（後続の3つの章では学生のアクティブラーニングをより広範に増進するこれらの方法について分析する）。

「アクティブラーニング」という言葉は教育分野の文献では正確に定義されてこなかったが，以下のいくつかの一般的な特徴は教室内で活発な学びを促進する方略と関連したものである。

- 学生が単に聞くこと以上に授業に参加している。
- 情報伝達よりもスキル開発に重点が置かれている。
- 学生がより高次の思考（分析，統合，評価）に没入している。

- 学生が読み，議論し，書くといった活動に従事している。
- 学生が自分自身の態度や価値観を探究することに，より重点が置かれている。

これらの特徴を踏まえ，また大学の教室という文脈から，今後の論考を進めるための実用的定義として，筆者らはアクティブラーニングを，学生を何らかの作業に取り組ませ，その作業を行っていること自体について考えさせるすべてのことと定義する。

アクティブラーニングはどれくらい多く起こるのか

検討されるべき重要な問いの1つは，アクティブラーニングは普通の教室においてどれくらい多く起こるのかということである。およそ30年前の回答は「大学の授業で長年思い浮かべられてきた光景は，教室内で教授が1人で講義をしている場面である」（McKeachie, cited in Gage 1963, p.1125）というものであった。当時と現在の両時点においてその信頼性を強く支持する格好のデータがある。例えば24のキャンパスで，教員に対して彼らが受け持った最初の学士課程の授業を記述してもらった調査がある（Blackburn et al. 1980）。授業科目，履修者数，学生のレベルは様々であったが，対象の選定に際してはバイアスを取り除く手法が用いられた。その結果73～83％の教員が主な指導法は講義であると報告し，「人数の多少や対象学年に関わらず，教員はほぼどのような授業であっても講義を行う」（p.41）との結論が導かれた。同様に最近の米国の大学教員に対する大規模な調査によれば，89％の物理学者・数学者，81％の社会科学者，そして61％の人文科学者（うち美術史学者では81％，哲学者では90％にものぼる）が講義を指導法として用いていることが判明した（Thielens 1987）。

指導的教育者たちの主張

多数の研究者と近年の国家レポートは，授業におけるアクティブラーニングの必要性を明確に述べている。

> 学習は観戦するスポーツではない。学生は授業中に座って教員の話を聞き，出来合いの課題を暗記し，答えを吐き出すだけでは多くを学ばない。彼らは学んでいることについて話し，それを書き，過去の経験と関連づけ，日常生活に応用しなければならない。彼らは学習内容を我が身の一部としなければならない（Chickering and Gamson 1987, p.3）。

> 学生は関心を持ったことを学び，理解できたものを記憶する（Ericksen 1984, p.51）。

> 学生は活発に学びに参加しているとき，受動的に指導を受けているときよりも多くのことを学ぶ（Cross 1987, p.4）。

> 学生は深く関わることによって学ぶ。深く関わるとは，アカデミックな経験に彼らが身体的・精神的に注ぐエネルギーの量のことである（Astin 1985, pp.133–34）。

その他，全米大学協会の一般教育タスクグループ（Association of American Colleges's Task Group on General Education 1988），全国学生支援事務職員協会（National Association of Student Personnel Administrators 1987），米国高等教育における卓越性の諸条件に関する研究グループ（Study Group on the Conditions of Excellence in American Higher Education 1984）もアクティブラーニングの推進について同様の呼びかけを行っている。

高等教育の深刻な問題

　高等教育の実践における 8 つの顕著なギャップの中には，教育と学習とのギャップ，教育と試験とのギャップ，教育研究と実践とのギャップがある（Cross 1988）。深刻なギャップは教員の典型的な教え方（講義形式に過度に依存していること）と教えるべき方法（すなわち学生の教科内容の習得を促進し，知的スキルを開発し，個人の態度と価値観を形成するためにアクティブラーニングを駆使すること）との間にも存在する。次章以降では，講義をアレンジし，より刺激的に議論を導き，アクティブラーニングへと誘う別のアプローチを用いることによってこのギャップを取り除く方法を模索する。本書はまた教授法を変える際の障壁について分析するとともに，結論と，教員，教員の能力開発（以下「FD」とする）担当者，事務職員，教育研究者に向けた提言を示す。本書は以下の指針に沿って論述を進めることとする。

- 1980 年以降に出版された文献を優先的に取り上げる。
- 記述的な研究よりも調査に基づく研究をできるだけ採用する。
- 高等教育の枠組みの中で行われた研究に絞り，教室外のみで行われたアクティブラーニング（フィールドトリップ，実習，インターンシップなど）は除外する。
- 個別指導のように授業全体がアクティブラーニングに基づいて組み立てられたものについても報告しない。
- 高等教育学会および ERIC 高等教育情報センターのガイドラインに従い，現状を改善するための実用書ではなく，先行研究の広範なレビューをめざす。

　最後に，次に述べる 2 点は読者の将来の混乱を減らすと思われる。第 1 に，記述的研究を行った何名かの著者は，彼らが用いた特定のアクティブラーニングの方略は伝統的教育アプローチよりも優れていると主張している。しかしながら，こうした主張を支える質的・量的データが慎重に収集されていなければ，

このような信念は伝統的教育アプローチをより好む他の教員の個人的な信念以上に大きな重要性を持つことはない。したがって読者は「有意な（significant）」という言葉を本書の中で見つけたときは，それが具体的に 2 つ以上の授業か教育アプローチの間にある統計的有意差を表していることに気をつけていただきたい。

　第 2 に，すべての大学教室におけるアクティブラーニングの促進方略は立派な研究対象ではあるが，本書で議論される様々な教育アプローチは学問領域によって適否が分かれる。読者の専門分野に関わらず，筆者らとしては各人が本書を批判的に分析し，自分なりに応用することを通じてアクティブラーニングの有効性を検証することを願っている。

第2章
講義をアレンジする

なぜ講義をするのかと聞かれ，ある教授はこう答えた。

> それが伝統だからです。自分もそうやって訓練を受けてきたし，自分もそうすべきなのだという気がします。講義をしていないと何となく罪悪感を覚えるのです（Creed 1986, p.25）。

この率直な発言は，今日，高等教育レベルで教鞭をとるすべての者が抱える最も困難なジレンマを示唆している。講義は事実上，教えることと同義語である。講義は我々が教えられた際の主要な方法であり，それはまた我々の多くが教える際の方法でもある。本書のような書籍やFDワークショップで代替的アプローチが推奨されると，多くの教員は身構え，話し合いは激しい論争へと転じ，誰の目にも明らかに（時には怒気を含んで）決着せずに終わる。いくつかの事例では，アクティブラーニングの狂信者は伝統的教授法を用いる同僚の敵対者となり，教授法の変更に伴う証拠がいかに説得力を持っていようとも，他者が教授法を変えようとする望みを自ら絶ってしまう。この緊張関係は不幸である。そのように敵と味方に分かれて議論することにはほとんど意味がない。より良いのは，具体的な教育目的，題材の複雑さ，教室の物理的環境，学習者の能力を考慮した状況において，教員が選択した指導法の適否を判断することが最善であるとする代替的アプローチである。適切なときに適切な方法を選ぶことが肝要であり，そのためにも講義の長所と短所を理解することは出発点として有益である。

講義は望ましい教育技法として多くの特徴を備えている。熱心な講師は

1. 他のいかなる媒体とも異なる方法で題材に対する内発的関心を喚起する。
2. 思慮深く学問的にめざしたいと思うような模範的人物像を学生に提供する。
3. 未発表の研究や教科書に未掲載の最新の動向といった，他では得られない題材について説明する。
4. 履修者の特定のニーズに応じた教材を揃える。
5. もし諸条件が整っていれば，大量の情報を効率的に伝達する（Chism et al. 1989）。

さらに講義は，一度に多くの聴き手に届くという点で費用対効果が高く，積極的に参加しなくても済むという点で学生への脅威を最小化し，聞いて学ぶことが楽しいと思う学生にとっては好都合である（Chism et al. 1989）。

多くの学生が証言するであろうが，すべての講義や講師がこれらの目標を達成できるわけではない。真に効果的な講義を行うためには確認できる多くの特徴を実行に移さなければならないことを示す調査結果がある。例えば，直ちに記憶をたどる試験では，学生は講義の中間や最後に説明された内容よりも，最初に提示された内容をより正確に思い出す。ある程度，講義の有効性は提示された教材の難しさと反比例し，学生は長い文よりも短い文で説明してもらうほうが内容をよりよく心に留める。また即興で講義をするほうが講義ノートを読むよりも効果的であり，教員は話す速度，声の強さ，音色を変えることが望ましい（Verner and Dickinson 1967）。

このような特質は講義を行う教員が熱心で博識であることを前提としている。高等教育に通じている者であれば誰でも，50分間の正課講義においてこの理想をなんなく実現し，聞く者を魅了し意欲を高めることのできる才能ある教員は多くのキャンパスに若干名しかいないことを知っている。仮に大勢の教員がこのような特性を備えているとしても，教室で講義だけを専ら行うことは

学生の学びを抑えつけてしまうとする研究がある。

　講義に全面的に頼ることによって生じる最も重要な問題の 1 つは，どんなに上手な教員の講義であっても，多くの人は長時間集中して聞くことができないということである。例えば，休憩なしで授業を受けた大学生についての調査によれば，落ち着くまで最初の 5 分間が経過後，次の 5 分間で学生は徐々に教材を理解するものの，続く 10～20 分間では次第につまずき，退屈な態度が見え始め，理解度は急速に低下した。その後，学生は終了直前までずっと低調に学び，講義がもうじき終わると気づいて再び元気を取り戻した（D.H. Lloyd, cited in Penner 1984）。同じように，モチベーションが高いと想定される医学生の集中力も「最大 10～15 分でピークに達し，その後一貫して低下した」（Stuart and Rutherford 1978, p.514）。学生が 50 分の講義中にどれだけ効果的に集中していたかを扱った研究では，異なる時間帯において彼らがノートに書き留めた内容の比率を分析した。その結果，学生は最初の 15 分間で講義内容の約 41％，30 分間では約 25％，そして 45 分間ではわずか約 20％しか書き留めていなかったことが判明した（J. McLeish, cited in Penner 1984）。

　講義の有効性は聴き手のレベルによって変わるという研究もある。「概して，平均以上の教養と知性を身につけた聴き手でない限り，講義の内容はほとんど記憶に残らない」（Verner and Dickinson 1967, p.90）（大学 1 年生のクラス分けテストの点数を踏まえると，この知見は高等教育の多くの教員に再考を促すものである）。知識豊富な話し手による興味深いトピックを聡明で優秀な人々が聞く場合も依然として深刻な問題は残る。以下の状況を経験したことのない大学教員がいるだろうか。

　　15 分以内に 10％ の聴き手が注意不足の兆候を示した。18 分後に聴き手の 3 分の 1 と 10％ の壇上のゲストがそわそわし出した。35 分後に皆の注意が散漫になり，45 分後には意識朦朧となっていた。そして 47 分後には数名が居眠りし，少なくとも 1 名は本を読んでいた。24 時間後に調べてみたところ，聴き手は取るに足らない，それも大体は間違って

いる些細な点しか思い出せなかった（Verner and Dickinson 1967, p.90）。

　こうした研究は，冗長な講義は効率的な学習の役には立たず，他のあまり直接的ではない教え方と大して変わらないことを示唆している。

　関連する研究では，非常によく組み立てられたものを除き，講義は情報を伝達するうえで他の方法よりも効果的とはいえないとの結論が出ている（Bligh 1972）。さらに重要なことは，講義は学習者の思考を促し，態度を変容させるうえで明らかに効果が劣るということであった。同様に，講義とディスカッションの様々な特徴を比較した1928年から1967年までの58の研究結果によれば，学生が事実と原理を身につけるうえで，講義とディスカッションの間に有意差は存在しないことが確認された（Costin 1972）。他方，学生の問題解決力を伸ばすことに関してはディスカッションのほうが講義よりも優れていた。授業の比重が講義からディスカッションに移るにつれ，より多くの学生が授業を好意的に捉えたようであった。こうした結果は，将来学生が専攻する学問の入門的授業を担当する教員にとっては特に重要である。

> 良い教員かどうかを判別するのは「あなたにとって"学び（learning）"は名詞と動詞のどちらですか」というテストである。もし名詞，すなわち所有され手渡されるものと考えるなら，あなたはきれいに包装された事実を学生に提示する。しかし，もしあなたが"学び"を動詞と考えるなら，そのプロセスは異なる。良い教員は自ら"学び"ながら学生に学ぶ意欲を吹き込もうとし，"学び"に取り組む方法を教えるのである（Schorske, cited in McCleery 1986, p.106）。

　教員が学生に知識を授けるだけでなく彼らの認知スキルを高め学習姿勢を変えることを到達目標とするならば，授業中に講義だけでなく他の教授法も織り交ぜるべきであることを様々な証拠は示している。次に述べるアプローチは教員が目標を達成することを支援するように設計されている。

理解と定着を高めるための中断

　講義を 3 回以上中断し，学生同士で話し合いをさせることによって授業に変化をつけ，学習効果を高めることは，学生が情報を整理し理解するうえで有効である（Rowe 1980）。実証研究で得られたデータはこの主張を支持するものである（Ruhl, Hughes, and Schloss 1987）。追跡調査によれば，教員は全 5 回の毎授業で 12～18 分ごとに 3 回，それぞれ 2 分間講義を中断した。その間，学生はペアで話し合い，ノートを整理し，教員は学生とやりとりをしなかった。毎授業の最後の 3 分間で学生は講義の中で覚えていることをすべて書くよう指示された。そして最終授業から 12 日後に，定着度を測定するため，65 項目から成る多肢選択式テストが行われた。統制群の学生は（同じ題材と視覚資料を使った）同じ講義を受け，同じようにテストを受けた。学生を 2 群に分けた授業は 2 学期間を通じて繰り返されたが，その結果は一貫して歴然としていた。教員が講義を区切るタイプの授業を受けた学生は，内容を自由に思い出すクイズと理解度確認テストにおいて，統制群の学生に比べて統計的に有意に優れた結果を残した。実際，2 群の平均点の差は，どこまでを含めるかにも拠るが，レターグレード（訳注：A，B+，C−，D などの文字による成績評価）で最大 2 段階の差を生むほど大きかった（Ruhl, Hughes, and Schloss 1987）。この結果は，最小限の労力と毎授業で 6 分間を捻出するだけで，学生を学びへと巻き込む，低リスクで効果的なアプローチをどの教員でも取ることができることを示している。

テストとクイズ

　前章で示されたアクティブラーニングの定義に照らせば，短いクイズやテストもアクティブラーニングの 1 つの手法といえる。例えば，学生の学びを高めるために従来の講義に変更を加え，学習した内容について直ちに習得度のテストを行う方法もある。1920 年代に行われた研究は，その後何度も再現された

が，講義内容に関する学生の忘却曲線を詳しく調べた。これにより，平均的学生は内容の 62％ を直後に思い出すが，3～4 日後には約 45％ に，8 週間後には 24％ まで低下することが明らかになった。しかし学生が講義の直後に試験を受けた場合には，事実と理論に関してほぼ 2 倍の内容を 8 週間後も覚えていた（Menges 1988）。

これらの結果は，短いクイズも 1 時間のテストも，主要な決定要因ではないとしても，学生の学び方と学び得るものに多大な影響を与えることを示唆している（Milton and Eison 1983）。以下はある学生の言葉である。

> 穴埋め，多肢選択式，○×式の試験に向けて勉強するときは，学習内容全体を把握しようとはしません。ただ事実をそのまま暗記しようとします。でも記述式試験に向けて勉強するときは，教材を何度も読んで事実だけでなく全体的な概念を理解しようとします（Meyer 1935, p.31）。

この言葉はいくつかの重要なポイントに触れている。おそらく教育者にとって最も大切な点は，試験のスケジューリングが学生を刺激し学習を促すという事実である。そして学生が想定する試験の種類が，彼らの勉強の仕方に直接影響を与えることである。さらに過去半世紀にわたって学生は劇的には変わっておらず，この学生の見解は今日にも当てはまるということである。

逆説的ではあるが，高等教育における教育効果の測定に対する現在の国全体の関心は高いにもかかわらず，多くの教員は試験が学生の学びに及ぼす潜在的影響にはほとんど注意を払っていない。この不可解な状況は次の 2 つの説明で明らかにされる。1 つ目は以下である。

> 試験は高等教育における研究生活の楽しい一面とは全く考えられていない。実際のところ，試験は教育研究に対する不幸で不快な妨げとさえ見なされていることが多い（Cox 1967, p.352）。

この所見はもともと英国の大学教員のことを述べたものであるが，米国の多くの大学教員の考え方を的確に表現している。

2つ目に，試験（成績を決定・付与する基礎を提供すること）によって評価するという目的は，それによって評価しないという目的よりもずっと大きな関心を引く（Milton, Pollio, and Eison 1986）。教室内でアクティブラーニングを促進する方略の文脈から見れば，試験は学生を何らかの行為に巻き込みその行為について考えさせる明白な方法である。

実演

特に自然科学では，講義中に実演して見せることは学生の好奇心を刺激し，概念的な内容や作用を理解させるうえで有用である。「もし我々が…したら何が起こるだろうか」といった質問を投げかけて学生を探究プロセスに巻き込むことができればなおさらである。学生が自ら実験に取り組むようモチベーションを上げることをめざす場合，注意は必要であるが，実演は当該分野における未確定で変転する知識に対する態度を教員と学生が共有する手段としても役立つ（Shakhashiri 1984）。研究室で物理学のある原理を例証する実験に積極的に取り組んだ学生は，講義中にその原理を教員が例証する実演をただ単に見ていた学生よりも容易にその原理を理解したことを明らかにした研究もある（Okpala and Onocha 1988）。

代替的な講義形態

オレゴン州立大学の教員6名はWales and Stager（1978）のガイデッド・デザイン手法（43頁参照）を用いて講義とディスカッションを組み合わせたアプローチを開発した（Osterman 1984）。いくつかの代替的な講義形態の強みと弱みを検証した後，そのグループは「フィードバック講義（feedback lecture）」と呼ばれるものを考案した。フィードバック講義は周到に設計され，学生が読む資料，事前・事後のテスト，学習目標，講義ノートの概要を含む副教材を中心に組み立てられる。フィードバック講義の基本形は，約20分間のミニ講義

2回と，その間に講義内容に関する論題に答えるために学生が2人1組で作業を行う小グループ学習セッションから成る。3つの学期にわたって導入されたこのアプローチについて，学生（総数273人）の評価は極めて高かった。質問された学生の99％が，授業中のディスカッションは「有益」か「非常に有益」だったと回答した。学生の学習意欲は，「教材内の事前・事後テストに回答しましたか」という質問への回答にも表れている。93％が「しばしば」か「常に」回答したと答えた。最後に，88％の学生が，もし選択できるなら始めから終わりまで講義だけの授業よりもフィードバック講義を取り入れた授業を受けたいと回答した。ここでは述べられていないが，フィードバック講義の欠点は計画と準備に多大な労力を要することである（Osterman, Christensen, and Coffey 1985）。

　もう1つの代替的な形態は「ガイデッド・レクチャー（guided lecture）」（Kelly and Holmes 1979）であり，学生がノートを取りながら講義内容をうまく統合する能力を伸ばすことができるように設計されたものである。学生は講義の目的を告げられた後，鉛筆を置いて授業の半分の時間（25〜30分間）は講義に耳を傾け，大事な点を掴み，裏付けとなるデータをできるだけ多く記憶する。講義終了後，彼らは5分間で思い出せることをすべてノートに書くよう指示される。次に小グループに分かれてディスカッションし，講義内容を概念的に再構築する。このとき学生は疑問点や不明点を教員に質問して解決し，自分のノートを完成させる。さらに学生はその日のうちに講義を振り返り，ノートを見ずに重要な点と最も関わりのある情報を物語風に書くことを勧められる。この手法を評価する研究は発表されていないが，筆者らはガイデッド・レクチャーが学生の傾聴スキルと情報統合スキルを伸ばすと信じている。この手法が通常授業やFDワークショップでもうまくいくことは，他の人々の経験でも示されている。1人1人が協力してやりとりを楽しみ，集団的体験を通じて個々人で作るノートよりも優れたノートに仕上がるのである。

学生が考え出す質問

「即座に反応する講義（responsive lecture）」という手法が，教材に基づいた学習モジュールを補完するために開発された。この手法は授業中に扱った題材に関して教員がフィードバックすることによって個々の学習者のニーズに応えようとするものである（Cowan 1984）。毎週1コマ分の授業は，どんな内容でもよいので学生が考え出したオープンエンドな質問に対して教員が回答することに充てられた。これにはルールがあり，まずすべてのトピックは質問形式になっていなければならない。また全員が質問を用意し，その質問を重要と考えた理由も簡潔に説明しなければならない。そしてクラス全員で大方の関心に沿って質問を順序付けし，教員は関連するトピックについて時間の許す限り講義をする。この手法はいわば制御不能であり，学生が望むトピックについての専門知識が教員に足りない場合，臆病な教員は窮地に追い込まれる。しかし大半の学生はこのやり方を非常に肯定的に受け止めていた。この欠陥を解消するため，より構造化されたアプローチを試すこともできる。例えば次回の授業までにあらかじめ質問を書いて提出するよう指示しておけば，学生は質問を用意することに加え，講義資料と参考資料を事前に読み込んで授業に出席するようになる（Gleason 1986）。

大教室授業は特別な事例か

大教室授業を担当したことのある者は誰でも教員と学生の双方に物理的・心理的な制約があることを知っている。それは人間味のないものであり，半円形の大講堂で下段から上段へ何百もの席をぎっしりと学生が埋めるとき，教員は小人のようであり，それはおそらく圧倒されるような様相を呈するであろう。こうした状況下では，普段アクティブラーニングの技法を用いる教員も，実のあるディスカッションはせず，型通りの50分講義に立ち戻ってしまうことがあっても驚くには当たらない。

テキサス大学オースティン校の経営学部，自然科学部，工学部，教養学部に所属する教員 19 名の大教室でのやりとりを分析した研究では，3 秒ごとに 14 のカテゴリーのやりとりがあることが確認された。すべての学問領域において，「教員が話す」カテゴリーは授業時間の 89％ を占め，「学生が話す」カテゴリーが占めたのはわずか 5％ であった。そして残りの 6％ を静寂が占めた。また学部ごとに微妙な違いがあった。教養学部の教員は他学部の教員よりも 7％ 多くの時間，学生を巻き込んだが，参加型とはほとんどいえないものであった。自然科学部の教員は「教員が話す」カテゴリーの時間が 92％ と最も高かった。これらのデータは大教室授業では圧倒的多数の教員が講義を行うというイメージを実証している。さらに大教室授業におけるわずかなやりとりは実質的にはほとんど意味がないことを示している。また医学教育の大規模授業を対象とした調査では，学生数が 16 名を超える授業では分析・統合・評価といった高次のやりとりが統計的に有意に少なかったことが報告された。しかもそのやりとりの 71％ が知識の暗記という最も低いレベルに留まっていた（Mahler, Neumann, and Tamir 1986）。

　かつてはこのような状況は，学生はたいてい質問し，それに続くディスカッションの中で題材に関する不明点をティーチング・アシスタントの指導で解消するという固定観念があったため，もう少しましであると考えられていた。しかし，それは必ずしも真実ではないようである。米国内の 518 機関における経済学の入門授業を対象とした広範な調査では，48％ の大学が大人数授業（126 人以上）を補うためのディスカッションの授業を全く開講していなかった。また履修者が 35 人から 125 人までの授業を開講している大学のうち 95％ がディスカッションの授業を提供していなかった（Sweeney et al. 1983）。こうしたことから多くの経済学教員は，彼らが大教室で行っていることを代替的な方法で補えるとは思っていない。実は上述の数値は経済学だけでなく，多くの学問領域にも当てはまる広範な現象を表している。

　従来の講義型授業に若干の変更を加えることによって大教室も豊かな学びの場になりうることを示す研究がある。もし教員が授業の目的を明瞭に説明し，

視覚媒体をうまく取り入れた多様な教育方略を駆使すれば，大人数授業に対する学生の否定的態度を改めることは可能である（Moore 1977）。同様に，ライティングの授業を対象とした 500 の実証研究に関するメタ分析によれば，明確な到達目標を示し，学生がライティング上で直面した具体的問題を取り上げて質疑応答する半構造的授業は，受け身一方の学生を教員が支配するような授業よりも有効であった（Lewis, Woodward, and Bell 1988）。これらの結果の妥当性は，4 つの小規模な講義授業と 1 つのアクティブラーニングを取り入れた大人数授業を比較することによって検証された（Lewis and Woodward 1984）。教員と学生の相互のやりとりの量は「認知的相互作用分析システム」によって測定された。また学生の学びは，内容の妥当性と採点の信頼性をチェックするための事前・事後テストによって評価された。分析の結果，意思疎通のある大人数授業は小規模授業に比べて，より講義が少なく，学生の参加がより多いことが判明した。小規模授業を受けた学生は，穴埋め，多肢選択式，○×式などの客観テストではより高い点数を取った。しかし大人数のアクティブラーニング型授業を受けた学生は，小グループでの発表，レポートや手紙の書き方，個人の口頭発表，および平均最終評定においてより高いスコアを記録した。この研究は高次思考を促す教育に対する必要性を訴えるもう 1 つの興味深い結果も提示した。小規模授業のテストの平均点は，教員が尋ねた分析レベルの問題数の平均比率と相関しており，高次思考を要する問題の数が多ければ多いほど学生の事後テストの点数は高かった。この結果，アクティブラーニングは有効であり，授業規模ではなく教授法こそが学びの重要な要素であるらしいという結論が導かれた。

　問題は，いかに大教室で大人数の学生と効果的に向き合うかということである。考えられるいくつかの解決策はコミュニケーションに関する文献から抽出されている（Gleason 1986）。まず，広いスペースは教員と学生および学生同士のコミュニケーションを阻害するため，教員は授業開始前に教室に着いて学生に話しかけ，授業中は歩き回ったり 1 人 1 人に試験結果を返却し資料を配布したりして，距離感を縮める工夫をすることである。こうした行動は，大教室

は頻繁で個人的なやりとりを必ずしも妨げるものではないというメッセージを発信する。さらに見知らぬ人でいっぱいの大教室はよそよそしい雰囲気を醸し出し，学生の教員や他の学生に対する個人的責任感を弱める（Gleason 1986）。したがって教員は，学生の名前をできるだけ多く覚え，テストやクイズに対して個人的なコメントを付し，授業中に機会あるごとに個々の学生を認識することによって，彼らを支える土壌を創り出す努力をしなければならない。

　大教室は個々人の参加の可能性を低下させるため，教員は記述式の問題を学生に課す一方で，小グループでディスカッションさせるための様々なオプションを用意する必要がある。例えば，ある授業の日にディスカッション参加者として名乗りを上げた学生のために特定のスペースを確保しておいたり，事前に特定のスペースに座って具体的な題材についてディスカッションすることを学生に知らせておいたりすることもできる。さらに大教室では教員が遠く離れていて近寄り難く見えることから，頭が混乱するような題材を扱うときには教員はそれを開けっ広げに認め，必要に応じてユーモアを交えることによって，自分自身をさらけ出し，人間味のある雰囲気を醸成することが求められる（Gleason 1986）。まさしく教員にとって，学生との親密な関係を築く最も強力なツールの1つは，自分自身を笑い飛ばす力といえる。

　最後に，大教室（特に半円形の大講堂）の空間的配置は学生に観客のような役割を与えてしまう。これに対する明快で効果的な解決策は極めてシンプルである。すなわち教室の中と外の両方で学生をアクティブラーニングに巻き込むことである。例えば，ペンシルベニア州立大学のある教授は，「品質管理サークル」という考え方を導入し，過去の授業を評価し今後の授業に向けて可能な手立てを検討するために学生と面談した。発想豊かな教員は，大教室がもたらす不可避的な意思疎通の障壁を打ち破るためにこれらの技法の1つ1つを駆使することができるのである。

　同じ流儀で，長年にわたり大教室でアクティブラーニングを促進する方略を上手に実施してきた教員の刺激的で説得力のあるやり方を概観すると，次の3つの基本事項を念頭に置いていることがわかる。第1に，教員は日によって

あるいは 1 つの授業の中で多様な教育方略を使いこなすべきである。第 2 に，学生の関心を高め題材を補強するために視覚教材を活用する必要がある。第 3 に，学生は個人的な洞察や見解を発表するよう求められたときに最もよく学ぶ（Frederick 1987）。これらを実現するために次の方略が駆使されうる。

1. 双方向の講義は，まずあるトピックについて学生が「知っている，または知っていると思う」ことについてブレインストーミングをすることから始まる。その間，教員（あるいは学生）は出てきたすべてのアイデアを板書する。次に教員はこれらのアイデアを拾ってディスカッションのテーマを設定するための概念的枠組みを築くとともに，明らかな思い違いがある場合には正す。この手法の 1 つのバリエーションは，問題解決を志向する講義において，ミニ講義を段階的に行い，提起された問題や事柄に対して考えられる解決策を模索する作業に学生を巻き込むことである。

2. 教員から学生への質問には様々な形式がある。標準的なオープンエンドな質問もあれば，学生が 2〜3 人のグループで一緒になって判断すべき事柄について熟考し，次に具体的な情報や授業で提示された論拠に基づいてグループとして回答を組み立てるような質問もある。こうした演習の時間の長さは質問の複雑さに左右される。

3. 小グループは活気と相互交流をもたらすが，各グループの人数は，全履修者数，物理的環境および作業課題によって最適なものに決定される。次の 3 点は小グループ作業の質を高める手助けとなる。1 点目は学生への指示は明確であること，2 点目は適切な時間的枠組みを決めて通知すること，3 点目は最後の振り返りで発表するために各グループで記録係を決めておくことである。

4. 大教室授業は「旧態依然として，不幸にもないがしろにされた技法であるテキスト分析を実践する」（同 p.53）うえでも良い機会となる。本文の一節を音読し分析することによって，学生は高次の思考スキルを習得

する。さらに「批判」はその用語から連想されやすいものの感情に押し流されることのない，正当な知的訓練であることを学ぶ。この技法は解析曲線や芸術作品といった他の学習の題材にも適用可能である。

5. 大教室を疑似体験やロールプレイをベースにした学生同士の討論の場として活用することも可能である。教員はまず適切な環境を設定するためにミニ講義を行い，次にクラスを2つか3つの大きなグループに分け，取り上げた問題に関して各グループに明確な役割を担わせる。そしてグループに具体的な作業課題を与え，それに対する見解や行動指針を策定するよう指示する。もしその問題が現在進展中の事柄であれば，討論を促進するために代替案や反対意見をグループの総意として提示する。グループの立場を代表する学生は，ロールプレイ，パネルディスカッション，公開討論など，教員が最適と考える学習形態に参加する。これらのアプローチには，周到な計画と授業を学生に委ねる教員の寛容さが求められる。結果は望んだほど学問的なものにならないこともあるが，こうした講義を代替する方略は，演習とフィードバックによって大教室に活力を吹き込むことができる（Frederick 1987）。

　従来の講義をアレンジすることによって，アクティブラーニングを伴う方略はいかなるサイズの教室でも導入することが可能である。個人的好みと当該授業における目標達成のための戦略的持続性に基づいて，教員は教育技法を選択する。次章以降では，多くの代替技法についてさらに深く論述する。

第3章
質問とディスカッション

> 傍観者としてディスカッションの蚊帳の外に置かれることは，講義を最後までじっと座って聞くことと同じくらい耐え難いことである（Eble 1976, p.55）。

教員が学生をアクティブラーニングに巻き込む最もよくある方法はディスカッションを刺激することであるが，その技法は普遍的な評価を得ているわけではない。

> 学生にディスカッションを促すとき，教員は自らの力不足を補うためにそうしようとしている可能性が極めて高いことを常に肝に銘じておく必要がある。大学におけるディスカッションは一点の疑いもなく，空白を埋めるための空白であってはならない。教材について説明を終えた後，教員は学生から質問を受け付け，互いにやりとりすることによって空白を作らないようにする力を身につけておくべきである（Galbraith 1987, p.3）。

授業の到達目標が，学生に知識を習得させ，その知識を新しい状況で適用できるようにさせるのみならず，態度変容を促し，当該分野における学習意欲を高め，さらに問題解決力や思考力を伸ばすことであるならば，ディスカッションは講義よりも望ましい（McKeachie et al. 1986）。さらに熟慮された分析を経た提言によれば，グループでの探究は，学生が自ら答えを組み立てる必要

性，学生は書いて話すよう指示されたとき最も思考を深めやすいという事実，学生は仲間と協力して作業をするとき最もよく学ぶという事実など，広く認められた学習理論に基づいて行われるべきである（Kraft 1985）。これらの目標を達成し，良いディスカッションを実現するためには，入念な計画，細心の注意を払った実践，学生を支援する教室環境が必要であり，とりわけ教員には問いかける技術と，学生をディスカッションに巻き込むための方略と，手法に関する豊富な知識が求められる。

学生を支える教室環境

　大学の教室内で実際に行われるディスカッションを対象とする研究は少ない。しかし，学生を支える環境を構成する要素を突き止める1つの策として，学生が授業評価において高い点を与える傾向が最も強い教員の具体的な振る舞いに着目する方法がある。多くの研究がかなり一貫したパターンを示している。例えば，教員の行動は大きく2つのカテゴリーに分かれ，それらは彼らの授業力に対する学生の評価と強い相関が認められている（Erdle, Murray, and Rushton 1985）。1つ目は，情熱を注ぎ学生と親密な関係を築こうとする教員の振る舞いや性格であり，それにより学生の関心と授業参加は増大する。「カリスマ的」という名称で分類され，明瞭に語り，教材と学生の関心を結びつけ，動き回り，ジェスチャーを使うことはこれにあたる。2つ目は，「先に概要を示し，目的を伝え，見出しを使う」といった授業を「組み立てる」スキルのことである（同 p.395）。授業改善をめざす教員はこれらの振る舞いを容易に習得し用いることができるであろう。

　学生を支援する環境作りは，単に学生に参加し学ぶことを促すスキルを身につけることだけに留まらない。より重要なのは，学生の失敗が許される知的・心理的な教室文化を教員が築き上げることである。25人の「卓越した」教員を観察した結果，温かく開放的な雰囲気を醸し出すとともに，学生が授業内容全体を見通せるようにし，さらに学生中心の授業を実践することによって，人

間同士の親密度を増すような以下の行動が確認された．

- 1人の人間である学生に対して強い関心を抱き，「教材や講義内容に対する彼らの感じ方について，そこから発する微妙なメッセージ」を鋭敏に汲み取る．
- 「授業の課題や進め方に対する学生の感情」を読み取り，「自分が感じたものを表現するよう励ます」．
- 学生に質問するよう促すとともに「彼らが個人的見解を述べることを熱く期待する」．
- 「題材を理解することが学生1人1人にとって何よりも大切であるということを率直かつさりげなく」伝える．
- 「独創的かつ自主的に題材を学び，自分自身の考えをまとめるよう学生に」働きかける（Lowman 1984, p.17）．

　これらの対極として，教室内のディスカッションをほぼ間違いなく抑圧してしまう振る舞いもある．例えば教員が学生を一個人として尊重せず，辛辣な言葉を浴びせる．学生からの質問にうろたえたり手いっぱいになったりする．授業の方針や進め方に対して自己防衛過剰となる．首尾一貫せず予測不能な言動をとる．したがってディスカッションを上手に進めたいと願う教員は，人を育む教室環境を醸成するためにとるべき行動リストを自ら作るべきである．

　教員が教室の空気を改善するためにできる，おそらく最も大切な唯一の行動は，学生の名前を覚えることである．他の多くのメリットの中でも，そうすることによって教室内での権限の分散を認め，自己と他者の学びに対する学生の責任が増すことを容認することになる．加えて，教室内のディスカッションに参加しない大勢の学生を巻き込むには，彼ら全員を識別し，誰かを指名することである．それをしたとしても，せいぜい気まずくなるくらいであろう．筆者らは，学生の名前を覚えることが教室での彼らの行動と学習教材に及ぼす影響に関する実証研究の有無については承知していないが，この慣行を強く補強する事例証拠はある．シンプルだが効果的な方法としては次のようなものが

ある。

1. 履修者名簿をもとに学生の名前を覚え，名前と顔を一致させるよう努める。
2. 学生に自分の略歴をカードに書いて提出するよう求め，人物像を描きながら名前と顔を覚える。
3. 1人1人の学生にプリント（クイズ，テスト，課題）を直接配布する。
4. 学期の早い時期に学生に自分の研究室を訪ねることを義務づける。

たとえ教員が全員の名前を覚えることができなくても，その努力に対して学生はきっと感謝するにちがいない。

ディスカッションの題材

ディスカッションを進める具体的方略やスキルを紹介するに際して，教室でディスカッションがどのようになされているかをざっと眺めると，筆者らは1つの大事な要素がしばしば軽視されていることに気づく。ディスカッションを成功させるには題材の選定が極めて重要であるが，「これから何について話し合うか」という必須事項についてはほとんど注意が払われていない。例えば，題材は教員および学生の双方にとって興味を引くものでなければならない。ソクラテス式問答法はあまりにも指導しすぎると過小評価する者もいるが，その中には注目すべき点もある。彼は弟子が面白いと思うようなテーマを扱ったのである（Hoover 1980）。良い議論を導く者は学生からの回答を発展させるために常に適切な題材を探し求め，過去にうまくいった題材を丹念に収集する。次に，学生が読む文献は，授業で扱う事柄や問題について異なる見解を生じさせるような込み入ったものを選ぶ必要がある。もし文献の中に多少論争が含まれていれば，なおさら結構である。最後に，題材は授業中に学生に提示できるよう毎回完結型で比較的短いものにすべきである。将来のディスカッションに向けて課外の読み物を指定することは学部高年次や大学院の授業では機能するか

もしれないが，その読み物をもとに活気あるディスカッションを実現することは容易ではない。授業中に時間をかけて学生の学習経験の共通基盤を固めることは，ディスカッションに伴うリスクを減らす1つの方法であり，じっくりと時間をつぎ込む価値は大きい。

　様々な題材や技法を活用して議論を誘発することは可能である。エッセイ，スピーチ，詩，具体的なデータ，表，図など，多くの様式で題材の利用に関する研究が長年行われてきた。学生の調査や自己評価アンケートも彼らの態度や価値観の違いを究明するための基礎資料となり，活発なディスカッションを促進するための刺激剤となる。次章で述べる多くの双方向の教育技法は，誘発剤（視聴覚教材，ライティング活動，事例研究，問題提示，ディベート，演劇，ロールプレイ，シミュレーション）として特に適している。これら1つ1つは多様な経験を学生に与え，彼らのディスカッションを刺激する。

質問のタイプ

　多くの教員が授業を特徴づけるのは講義とディスカッションの組み合わせであると述べているが，大学での質問を対象とした研究によれば，ディスカッションは本来の意味ではそれほど広く行われていないようである（Ellner and Barnes 1983）。大規模および小規模大学における学部の専任教員40名の授業を録画し，そのやりとりをコード化した研究結果は，大学教室の動態に関する興味深い洞察をもたらした。全授業時間中，教員からの質問に学生が答える時間の割合は平均で4％未満であった。Aschner-Gallagher式コード化システムによれば，これらの質問のうち63％は（具体的なデータに関する）記憶を尋ねる質問で，19％は決まりきった事務的な質問であった。よって高次思考を要する質問は18％に過ぎなかった。さらに一連の質問を分析したところ，およそ3分の1は，教員が問いかけただけで学生から回答を得ていなかった。ここで明らかになったことは，大学の規模，学問領域，対象学年を越えて共通していた。

有能な教員は投げかけるべき質問のタイプとその最適のタイミングを心得ている。分類の仕方はいろいろあるが，おそらく最も頻出する質問は次の4つのカテゴリーに分けられる。

1. 認知的な記憶を尋ねる質問
    例：1990年時点でのイランの大統領は誰か？
2. 思考を収斂させる質問
    例：もし中東で戦争が勃発したら，石油価格にどんな影響が出るか？
3. 思考を拡張させる質問
    例：こうした状況下において，米国にはどのような政治的・軍事的な選択肢があるか？
4. 評価的な質問
    例：イラクのクウェート侵攻に対する最適な解は何か？

　残念なことに多くの教員は1つ目の水準に留まっており，与えられた内容について学生が得た知識の範囲を確認するためにドリル，復習，小テストなどで記憶をたどらせている。実際，先行研究をレビューしたところ，この50年間で教員が投げかけた質問のタイプに本質的な差異はないことが判明している（Gall 1970）。「教員の質問の約60％は学生に事実を思い出させるものであり，約20％は学生に考えさせるものであり，残りの20％は手続き的なものであった」（同 p.713）。その後の研究はこの主張の正当性を単に立証したに過ぎなかった（Ellner and Barnes 1983）。

　こうした事態から抜け出すため，メリーランド州立大学教育学部は（McTighe 1985），認知レベルに応じた質問のタイプに関する以下の実用的な手引書を発行した（Bloom et al. 1956）。

　　　知識：情報の確認と想起
　　　　誰が，何を，いつ，どこで，どのように _____？
　　　　記述しなさい。_____

理解：事実と思想の構造化と選択
　　自分の言葉で言い換えなさい。＿＿＿＿＿
応用：事実，規則，原理の活用
　　＿＿＿＿＿の実例はどのようなものであるか？
　　どのように＿＿＿＿＿は＿＿＿＿＿と関連しているか？
　　なぜ＿＿＿＿＿は重要なのか？
分析：全体を構成要素に分解する
　　＿＿＿＿＿の構成要素と特徴は何か？
　　＿＿＿＿＿によって＿＿＿＿＿を分類しなさい。
　　＿＿＿＿＿の概要を述べなさい。図示しなさい。
　　＿＿＿＿＿は＿＿＿＿＿と比較・対照してどのような違いがあるか？
　　＿＿＿＿＿のためにどんな証拠を並べられるか？
統合：新しく全体を形成するためのアイデアの組み合わせ
　　＿＿＿＿＿から何を予測・推測できるか？
　　どんなアイデアを＿＿＿＿＿に付加できるか？
　　いかに新しい＿＿＿＿＿を創造・設計できるか？
　　もし＿＿＿＿＿を組み合わせたら何が起こりそうか？
　　＿＿＿＿＿のためにどんな解決策を提案できるか？
評価：意見，判断，決定への進行
　　＿＿＿＿＿に同意するか？
　　＿＿＿＿＿についてどう思うか？
　　最も重要な＿＿＿＿＿は何か？
　　優先度順に＿＿＿＿＿を並べよ。
　　＿＿＿＿＿についてどのように決定を下すか？
　　＿＿＿＿＿を評価する際の基準は何か？

　質問に際しては注意が必要である。学生は質問されたレベルと同じレベルで回答できるとは限らない。例えば，米国の南北戦争前の北軍と南軍の強みと弱

みを比較・対照するよう指示されたとき，学生はもしかしたら文献課題に示された同種の論述の記憶に沿って回答するかもしれない。このように彼らは分析的思考を刺激するように設計された質問に対してもその時の知識レベルで回答するであろう。

　質問で使われる言葉の構造を探り，どの質問形式が最も有効であるかを調べるため，教室でのやりとりを録画し，学生の発言回数，参加学生数，他の学生の発言を受けて発言する回数，学生が発言した全ての時間が測定された（Andrews 1980）。これらの変数を分析した結果，最も効果の高い3種類の質問は，学生の思考を広げるような問いのバリエーションであるとの結論に達した。それらは有効性の観点から順に，「遊び場的質問」「ブレインストーミング的質問」「焦点化された質問」である。

1. 遊び場的質問
　　重点学習のため，教員が題材（遊び場）に関して注意深く選んだ点を指定して尋ねる質問である。
　　例：冒頭のせりふの性質からその芝居全体を一般化できるかどうかを検討してみよう。
2. ブレインストーミング的質問
　　特定のテーマを中心に組み立てられる質問である。参加者は短時間で1つのテーマについてできるだけ多くのアイデアを出すよう促されるが，その適切さの幅はテーマによって自ずと規定される。
　　例：独白だけではなくその芝居全体を通してハムレットはどんな類のことを問うているのだろうか。
3. 焦点化された質問
　　明確に述べられた事柄に焦点を当てた質問である。学生は少数の限られた立場や見解の中から自分なりの考え方を選択し，ディスカッションの中でそれを裏付けるよう求められる。
　　例：イヴァン・イリッチは社会の犠牲者だろうか，それとも彼は自ら進

んで自分の問題を作り出したのだろうか。

研究データによれば，次のような質問はあまり良くない。非常に広く漠然としていて学生を混乱させるもの。いくつかの細かい質問を一度に尋ねるもの。正解が1つしかないように見えて学生が回答をためらうもの。そして，事実上1つしか答えがないものである。

効果的な質問手法

教室で尋ねる質問に関しては，いくつかの提言が研究に基づいてなされている（Wilen 1986, p.10）。

- 授業の構成と方向性を知らしめるために肝心となる問いを立てよ

  良い議題は授業時間中の目標に注意深く狙いを定めたものでなければならない。有用な質問方略には「先が見通せるディスカッション」（Hyman 1980, pp.45–46）に向けた一連の質問が含まれている。
  1. この状況に不可欠な特徴と条件は何か？
  2. この状況を踏まえ，結果的に何が起こると考えられるか？
  3. あなたの予測はどんな事実と一般化に基づくものか？
  4. この状況の結果として，他に何が起こり得るか？
  5. 予測された状況が生まれたとして，次に何が起きるだろうか？
  6. 手持ちの情報と予測に基づくと，どんな結果がもたらされそうか？
  7. 何が現状から予測したものへと我々を導くだろうか？

  このアプローチを用いると，学生の回答によって自然といくつかの質問が生まれてくることもあるが，ディスカッション全体の方向性はほぼ計画に沿ったものであることが多い。
- 質問は明確かつ具体的にせよ

  「文献から何を学んだか」や「物語の主人公についてどう思うか」といった曖昧で多義的な質問は避けること。簡潔明瞭な質問は学生が的確

に回答する可能性を高める。
- 学生の能力に応じた質問をせよ

    その授業の学生に見合った言葉を使い，シンプルに質問を組み立てること。学生は質問の意味がわからなければ答えることができない。
- 質問は論理的に順を追ってせよ

    思いつきの質問は学生を混乱させ，教員の準備不足を露呈する。秩序立った質問は一貫性を与え，学生の理解をより有効に促進する。
- 様々なレベルの質問をせよ

    議論の深化に向けた基盤作りのため，認知的な記憶を必要とするアプローチもある。その一方で授業の目的を説明するためにレベルの高い問いを投げかけてもよい。
- 学生の回答をフォローし発展させよ

    学生が最初に答えた後，単に「討議するための沈黙」を設けるくらいであれば，学生からより長くより意味のある発言を引き出すことも可能である（Dillon 1984）。教員はしばしば学生に矢継ぎ早に質問する。それは話し合いというよりはむしろ尋問に近い状態かもしれない。学生が最初に回答した後に，さらに彼らの考えを引き出すために次のような行動をとることも適切である。例えば学生に何かを明確に発言してもらう。その発言内容について他の学生に自分が感じたことを省察的に述べてもらう。さらにその回答について当惑したことを打ち明けてもらう。あるいはより詳しく述べてもらう。また他の学生に働きかけて目下の議題について疑問を呈してもらう。もしつまずいている学生がいたら質問するよう促す，といったことである。
- 回答の前に学生に考える時間を与えよ

    学生に質問を投げかけた後に教員がとるべき最も大切な行動は単純に静寂を保つことである。何百もの教室で教員と学生のやりとりの模様を分析した結果によれば，教員が質問した後に，繰り返したり再度強調したり，あるいは2つ目の質問をしたりするまでの静寂は平均で1秒に満

たなかった（Rowe 1974）。こうした状況下では，学生は黙りこくったままでも不思議ではない。質問した後に 3〜5 秒間静かに待つように教員を訓練することによって著しいメリットをもたらした事例がある。例えば学生が回答に要する時間，適切で自発的な回答数，学生同士のやりとり，学生からの質問，高いレベルの質問などはすべて増加し，うまく回答できなかった数は減少した。もっとも 3〜5 秒間は教員にとって永遠のように感じられたかもしれないが。

> 肝心なのは時間をとることである。「めぇ，めぇ，黒羊さん，ウールあるかい」と童謡を歌い，学生が付け足すかを見てみる。もしあなたが丸 3 秒間しっかり待てば，学生は「3 つの袋に一杯ありますよ」と続けて歌うことだろう（Dillon 1987, p.63）。

- 広く学生の参加を促す質問（および技法）を駆使せよ

  質問を投げかけることによって，意欲のない者も含めてクラス全員を巻き込むことである。しかし，最良の回答を引き出すために質問の難易度には注意を払う必要がある。目標は全員に参加の機会を与えることであり，個人的な成功体験の積み重ねが，ためらいがちな学生にも思い切って参加する勇気を最後は与えていく。

- 学生から質問するよう働きかけよ

  リスクを冒しても許されるような温かい雰囲気を作り，質問するよう促すことである。そうすることによって彼らも安心して質問するようになる。

ディスカッションの方略とスタイル

学生は段階的にゆっくりとディスカッションに参加していくべきである。なぜなら彼らの多くは成功を収めるようなディスカッションを過去に経験したことがないからである（Bligh 1986）。教員は初回の授業で学生に適切な議題にしっかりと取り組ませることによってその学期全体の基調を建設的に打ち出す

ことができる。教員は学生の授業参加に対する期待を明確に伝え，課題はシンプルで学生が問題を理解し解決できるようなものにしなければならない。こうした初期段階では，学生個々人に2分間課題に取り組ませ，次に各自の回答について小グループで共有させることが望ましい。そして課題の難易度に応じて頃合い（3〜5分間）を見計らい，各グループからクラス全体へ結果を発表する。そして学生が互いに打ち解け，話し合いの進め方に馴染んだ後，続くセッションでは教員の指導をなるべく受けずにより多い人数でグループ作業を行う。漸進的なプロセスとしてこのアプローチは学生および教員の双方のリスクを最小化する。「ディスカッションを用いた教え方の基本ルールは"小グループから始め，簡単な課題に短い時間取り組ませ，徐々に人数，時間，難易度を増していくことである"」（Bligh 1986, p.19）。

　しかしながら，ディスカッションは単なるテクニックだけではうまくいかない。「不可欠なのは，教員の姿勢，資質，そしてディスカッションへの深い関与である」（Dillon 1984, p.54）。これらの姿勢や資質はディスカッションを導く自分なりのスタイルを築くという困難な挑戦と密に関連している。英国で実施された大規模な現職研修プログラムでは，ディスカッションを導くテクニックを学ぼうと参加登録した教員は，講師が講義形式の指示的な手法を用いると思い込んでいた。ところが彼らは自らも責任を分かち合いながら会合に参加しなければならないことを知って狼狽した。そしてプログラム終了後に自分の教室に帰ったとき，結局その多くは元の講義形式の教育手法に戻ってしまったと報告している（同 p.54）。この話は教員中心の授業しか経験したことのないすべての教員および学生が直面する困難を物語っている。多くの教員にとって権限を手放すことはたやすいことではない。アクティブラーニングに精通し，深く関与している教員も含めて，すべての教員は「自分は今日ディスカッションを支配していなかったか」と自問し続ける必要がある。さもなければ学生は以下のような経験を記述するかもしれない。

　　　彼は僕らに質問し，自分で答えていた。授業の初めで僕らはみんな，馬

鹿みたいに手を宙で振った。もういいやと。僕らはここに来て，楽しそうな仮面をかぶり，そして寝入るのだ（Tiberius 1990, p.99）。

ディスカッションを成功させるためには，教員は授業時間中の目標を定め，検討中の題材に関する適切な質問を組み立て，学生を支援する環境を維持しつつ彼らの学びをさらに広げるような技法を用いなければならない。セント・ジョーンズ大学のパンフレットはこうした原理をより雄弁に語っている。教員には（実際には「チューター」と書かれているが）以下の役割が期待されている。

> 良き質問者であるとともに，知性と想像力を学生に求める重要な問題を取り上げることができなければならない。次にチューターは良い聞き手であるとともに，学生が抱えている困難を見つけ出し，彼らが自分なりに考えを再構築し精査することを手助けできなければならない。チューターはいつでも役に立つ事例を示し，学生が自分で推論を確かめて理解しようとすることを応援できなければならない。要するにチューターの役割は，質問し，傾聴し，支援することである。（中略）しかし何よりもまず，すべてのチューターは学生に対し，自分の力でやってみるよう呼びかけることである（Myers 1988, p.44）[*1]

[*1] この理想的な行動を取ることに不安を抱く読者は次の文献を参照されたい。
Small Group Teaching: A Trouble-Shooting Guide (Tiberius 1990)

第4章
アクティブラーニング促進のための方策

> 創造力とは，時に全く異なるように見えるもの同士を組み合わせることによって機能する実用的な全体を創り出すことである（Adams 1974, p.25）。

　前章まで述べてきたアクティブラーニングは従来の教授法のバリエーションであった。これらの伝統的アプローチは大学教員にとって最も馴染み深く，最も多用されているものである。しかしながら，アクティブラーニングを促進する技法は他にもいろいろあり，学生の成績と勉学意欲を向上させるとともに学ぶ姿勢を転換するうえでも有効であることが証明されている。創造力に富む教員は次節以降に述べる様々な技法の強みと弱みをよく理解し，それらを上手に融合して「実用的な全体」を創り出している。

視覚に訴える教育

　かつては多くの教員が，視覚に訴える教育よりも大きな革命を教室にもたらす有望な教育はないと主張していた。静止画（スライド，オーバーヘッド透過原稿），映画，マルチメディアを使ったプレゼンテーション，テレビ，ビデオといった新しい技術が教室に導入されたとき，支持者たちは未来ここに来たれりと高らかに宣言した（Siegfried and Fels 1979）。残念なことに，視覚に訴える教育が学習成果に有効であることを示す研究成果は極めて捉えどころのないものである。例えば視覚に訴える大学授業を対象とした74の研究を総合的

に扱った広範な文献レビューによれば，従来の授業（おそらく講義）と比較して，視覚に訴える授業を受けた学生の成績はほんのわずか向上しただけであり，両方の授業を教えた同一の教員からも優位性について明確な発言はなかった（Cohen, Ebeling, and Kulik 1981）。したがって，学習内容を伝達するプラットフォームとして採用される際に，視覚に訴える教育のほうが講義よりも統計的に有意に優れていることはまだ証明されていない。おそらくそれは50分の映画やビデオを単に観ることが50分の講義を聞くこと以上に，学生を活発な学びへと巻き込むことができないのと同じ原理であると考えられる。

　しかしながら，視覚に訴える教育を教員研修のフィードバック，あるいはタイピング，裁縫，運動競技などのスキル習得のためのリソースとして活用するとき，それはかなり大きいインパクトがあるようである（Cohen, Ebeling, and Kulik 1981）。最近の研究では同じ効果が実験を伴う授業にも当てはまることが示唆されている。例えばドレイク大学の生物学の授業では，学生は比較解剖学実験室で彼らが行う解剖のビデオを事前に鑑賞する。彼らと従来型授業を受けた学生との間に試験の点数に有意差はなかったものの，実験室内の彼らの振る舞いの違いは一目瞭然であった。ビデオを事前鑑賞した授業では，見慣れぬ検体を扱うフラストレーションは減少し，解剖の質は著しく向上した（Rogers 1987）。同様に化学実験をシミュレーションした双方向型ビデオの活用に関してもその効果が実証されている。双方向型ビデオを鑑賞した学生は，同じ物質を使ってこれまでどおりの講義に基づく実験をした学生よりも優れた学習成果を収めた（Smith, Jones, and Waugh 1986）。

　先行研究に関する別のメタ分析では，動画，テレビ，記録媒体，静止画を活用するとともに学生が応答する機会を設けた（アクティブラーニングの）看護教育において，著しく肯定的な態度変容と知識定着が学生に認められたとしている（Schermer 1988）。同分析は，双方向のやりとりを促す主要手段として，メディアの活用の重要性を示唆している。しかしながらメディアは，知識を伝達する講義の単なる代替手段としてではなく，特に重要な題材についてクラスで議論するための引き金として，またある事象が持つ意味について簡潔な分析

的記述を行うための基礎資料として使われるときに最も効力を発揮する。例えば，オランダ国立翻訳通訳大学では温室効果に関する英語ビデオを，科学的な考え方と学者・リポーターの話し方の両方について分析的議論を促すために活用している（Kleerx 1990）。このシンプルな演習はメディアに内在する教育力を示す古くからある事例である。オランダの一教室で，学生は地球規模の出来事を鑑賞し，20世紀で最も差し迫った環境問題の1つに関するイギリス人科学者たちの議論を聞く機会を与えられている。同様に米国でも，都市部のスラム街の状況や19世紀末のアメリカ先住民の窮状を描いたスライドを見ることによって，学生の社会問題に対する意識は非常に高まる。1960～70年代の東南アジアからのテレビニュースを覚えている多くの教員は，視覚イメージが大学生の思想，議論，政治的行動に及ぼす莫大な影響力を否定することはできないであろう。

　メディアはアクティブラーニングを促進する方略を立てるための貴重なツールであるが，多くの教員はこの技術を教室に持ち込むことに抵抗を示す。まさにある同僚は自分が語る1000語はどんな写真よりも優れていると断固主張するが，同じような抵抗は高等教育における教育テレビ放送に関する1960年代の調査報告書にも記載されている。

> ［技術革新に激しく反対するその教授は］彼の専門分野において，自身を非常に有能と評価し，自分が最善と信じて行うこと，すなわち伝統的な方法で教えることに，より多くの時間を費やす。彼は，大学のアカデミックな側面を希薄化したり大学内の自分の役割を変えたりするような身近な勢力を最大の脅威と捉える（Evans and Leppmann 1967, p.90）

　学生も学習効果の観点から，メディアを通じて学ぶことには抵抗がある。彼らは往々にしてコンピュータから学ぶのは面倒だとしながらも，その多くがテレビ放送は「浅薄」で「たやすい」と考えている（Clark 1983, p.455）。メディアの潜在力は高いものの，その支持者たちが思い描くほど実際の教室で受容され活用されているわけではない。

授業で書く

　追加的な教育方略として，授業で学生に書く作業を課すことは「カリキュラム全般にわたって書く」という比較的新しい全国的な取り組みにも見られる。学生に書かせることに賛同する教員は 1987～88 学年度までに米国の高等教育機関の 38％ でライティング・プログラムを作ることに成功した（Watkins 1990b）。こうしたプログラムはあらゆる専攻分野の教員に，教室での学びの外化活動にライティングを幅広く取り入れるように奨励する。それは例えば，日誌をつけること，特定のテーマについて考察すること，講義や課題図書を要約すること，また授業で提示された問題に対する解決策をまとめて書くことなどである。

　多くの研究は授業で書くことは学生および教員にとってプラスになると述べている。例えば，日誌をつけることによって，学生は自らの価値観を探求するとともに自らの感情を表現することができるようになる。さらにこの方法によって，あらゆる専攻分野の教員は概念的内容に対する学生の理解度を把握することができるようになる。ある学生は次のように述べている。

> 今日，テストの結果を受け取って本当に気分が良かった。というのも自分は 82 点で，ずっと勉強してきた努力が報われた気がするからだ。この創造的なライティングは試験対策になると思うし，書く技術も向上させてくれる（Ambron 1987, p.264）。

　上記の抜粋は文献の中でよく見られる論点を反映している。レポート課題はその種類や教員による評価の有無にかかわらず，学生の書くスキルと内容に対する理解を増進させると多くの人が語っている。モンタナ州立大学の研究によれば，調査対象の学生の 88％ が小論文を書くことによって物理学についての理解が深まったと考えている（Kirkpatrick and Pittendrigh 1984）。「ライティングはあらゆる科目においてより良く学ぶ方法である」という考え方は，まさしく「カリキュラム全般にわたって書く」運動の基本的前提の 1 つである

（Young and Fulwiler 1986, p.29）。

　最近の研究では，教室での学びを促進するあらゆる種類のライティングの価値を激賞する人たちは，熱心すぎるか，少なくとも早計ではないかと考えられている。例えば，単により多く書く作業を学生に課せば自動的に書くスキルが向上するという主張に対しては，疑問を呈する証拠が示されてきている。学生はより多く書くよう指示されればされるほど書くスキルが向上するという仮説に関する研究では，ある学期中に特に指示を受けなかった統制群の学生の試験の点数は基本的に変わらなかったのに対し，ライティングに重点を置いた授業ではなんと 11 クラス中 8 クラスにおいて事後テストの点数が低下したとの結果が出た。この結果は調査対象期間中に学生のスキルか意欲のどちらかが低下したことを反映している（Day 1989）。学生の成績と教員がどれだけ徹してスペリング，文法，内容，論理の面から採点したかについては，両者の間に統計的に有意な正の相関が認められた。反対に教員が学生の労作の最初のページしか採点しなかった場合には，彼らのライティングの点数は統計的に有意に低下した。

　系統立てられた課題が書くスキルに与える影響についての研究も行われた。学生が計画を立て，実際に書き，演習問題をこなせるよう大量の問題セットが事前に用意され，その中で学生は毎週小論文の試験を課された（Madigan and Brosamer 1990）。その試験は内容と書き方の観点から評価された。その授業の最終試験では第 2 週の小テストと全く同じ問題が出題されたのだが，研究者たちを非常に驚かせたことには，最終試験の結果が統計的に有意な伸びを示すことはなかった。その後，若干修正されて行われた実験の結果も同じく興味深いものであった。学生は具体的な表現パターン（例示，定義，比較・対照，過程分析）を見本として演習し，フィードバックを受ける機会を繰り返し与えられたとき，彼らの書くスキルは著しく向上した。この結果は，学生のスキルが向上したことを示す確たる証拠を得るには，しっかりと練り上げられた明確な指導が必要であることを示している。

　書くことによって学生の授業内容に対する理解が増進するかどうかに関して

は，様々な研究結果が混在している。書くことに力点を置いた外交政策の授業を履修した学生は，そうでないグループの学生に比べて，定期試験の論述部分と客観的事実を問う部分において著しく優秀な成績を修めたわけではなかった（Michalak 1989）。また他の研究では，ノートを取ること，短い回答を書くこと，特定のテーマについて集中して考えること，概要を述べることに比べて，小論文を書くことのほうが授業内容を直後に思い出すことに優れた効果を発揮するわけではないことが示された（Hinkle and Hinkle 1990; Newell 1984）。しかしながら別の研究では，学習内容を直後に思い出すことと時間を置いて思い出すことにおいては，書く作業の内容によってその効果に差異が生じることが確認された（Langer and Applebee 1987）。例えば学生は（書かずに）題材を読んで学び，短い20の質問に記述式で回答し，要約を書き，分析的な小論文を執筆するよう指示された場合，書いた学生のほうがただ読んで学んだだけの学生よりも内容全体についてよりきちんと思い出したこと，そして分析的な小論文を書いた学生のほうがそうしなかった学生よりも題材の要点を容易に理解していたことが明らかになった。読むテキストの難易度にも依存するため，具体的な内容を思い出すことについての研究結果は一様ではないが，筆者らは次のように結論づける。すなわち，もし授業の目標が特定の内容に関する全般的な枠組みを概説することであれば，教員は学生にノートを取らせ，理解度を確認する問題を与え，内容を要約させるべきである。また，もし授業の目標が諸々の概念とその関係性に学生の関心を向けることであれば，分析的な小論文を書かせるべきである。

　これらの研究は，ライティングが授業の明確な目標および他の適切な教育技法としっかりと結びついていれば，授業で学生に書かせることはアクティブラーニングを促進する，価値ある方略であることを示している。それは同時に応急対策がないことも意味しており，学生の書くスキルを向上させるためには，教員は周到に学習目標を立て，何度も演習を行い，時間をかけてフィードバックや指導をする必要がある。

問題解決

問題を解決するための多種多様な技法は John Dewey（1924）が支持した意思決定モデルに依拠している。その過程には

1. 問題を明確にする
2. 問題についてあり得る理由を診断する
3. いくつかの代替案を探す
4. 代替案を評価し最も適切な解決策を選定する

の4つのステップがある。この構造は，問題解決を図るためによく用いられる2つの指導上のアプローチ（ケーススタディ，ガイデッド・デザイン）の基礎を成している。

ケーススタディ

19世紀にハーバード・ロースクールで導入されて以来，ケーススタディは多くの学問分野で用いられてきた。ケーススタディは「個人，集団，組織が直面する問題や事柄を中心に展開する人間の営みに関する事実の記述」（Fisher 1978, p.262）と定義され，高度に構造化された演習から，多様で複雑な課題や解決策を継起させる全く未整理の問題までを扱う。概してケーススタディは客観的に記述され，問題の脈絡と下すべき重要な決定に関する情報とともに大局的な状況が描写される。

以下のケーススタディの例は，授業での分析とディスカッションの基礎となる短い出来事を描いたものである。

> 大規模なコミュニティカレッジの学務担当副学長として，あなたは職能給プログラムを導入することを決め，優秀な業績を上げている教員に公正に報いることにした。学部長たちはあなたの理念に共感しながらも，能力昇給を卓越した業績に対する唯一の報酬とするべきか否かはさてお

き，それを教員のパフォーマンスを最適に評価する方法とすることに同意することができない。彼らの要請を受けてあなたは明日，彼らと会い，新しい方策と指針を示すことになっている。さて，あなたはどのような準備をするか（Fisher 1978, p.270）。

ケーススタディの手法は長年，大学院レベルの教育で用いられてきたが，ケースを学生の学習経験の中に丁寧に位置づけることができれば，学士課程レベルにおいても有用である。教員がとるアプローチは多様であり，学生数（個人，グループ），分析の種類（解析処理，ロールプレイ，ドラマ作り，ディスカッション），分析手順（継時的，同時的）および構造化の程度に応じて異なる（Romm and Mahler 1986）。

アクティブラーニングを促進する方略として，ケーススタディはいくつかの強みを持っていることが実証されている。ケーススタディは現実の事象に基づいていることから，特にロールプレイを取り入れたケーススタディは学生が将来直面するかもしれない状況を他者の身になって教室内で経験することを可能にする。それは理論と実践のギャップを埋める一助ともなる。さらに，意思決定を行うケーススタディは高次の思考力を育むとともに，現実の問題に「正しい」とか「誤った」答えはないというメッセージを学生に伝えることにもなる（Romm and Mahler 1986）。ケーススタディには他にも優れた点がある。記述された状況に内在する人間の感情を扱うことによって，ケースはたいてい学生の興味を引き，学ぶ意欲を高める（Hoover 1980）。このように学生を情意的に巻き込むことは，ケーススタディの最も重要な強みの1つである態度変容へと学生を導く。ケーススタディに関する評価データはあまりないが，副学長らと学部長らが参加し，統制した条件下で，ケーススタディと，ポジションペーパーとセミナーを含むアプローチを比較した研究がある。結果は，ケーススタディのほうがもう一方のアプローチよりも参加者の態度変容を促すという点で著しく効果的であった（Fisher 1978）。すなわち，ディスカッションにふさわしい施設が整っているのであれば，ケーススタディは費用対効果において優れ

ている。実際にハーバード大学では 80 人の学生をいくつかのグループに分けてケーススタディを取り入れている（Christensen and Hansen 1987）。

ケーススタディには弱点もある。教員の役割についてではなく，むしろ全く別のアクティブラーニングのプロセスに関するものである。ケーススタディを用いる教員は学生の学びを促すことを重視し，その進行を彼らの主体性に委ねる必要がある。しかし，古い慣行はなかなか打破しにくい。

> それはもう知的混沌で，全くもって非効率だ。なぜ私が数分で説明できることをクラス全体で取り組ませ，1 時間もだらだらと授業をしなければいけないのか。学生は果たしてそれを授業と呼ぶのだろうか（Christensen and Hansen 1987, p.30）。

このアプローチは学生にとっても問題となりうる。彼らは自分の意見を明瞭に述べるとともに他の学生の発言を傾聴する能力を備え，伸ばさなければならない。それは彼らが恐れをなすようなスキルかもしれない。また，どこか曖昧できっちりした構造が欠如した授業を居心地悪く感じることも多いであろう（Paget 1988; Romney 1984; Watkins 1990a）。しかし教員がファシリテーターの役割を果たし，学生が必要なスキルを身につけるための時間を十分に確保するならば，ケーススタディを行う価値は十分にある。

ガイデッド・デザイン

ウエストバージニア大学で 1970 年代後半に開発されたガイデッド・デザイン（Guided Design）は，正解のない問題に対する解決策を模索する意思決定の方法に修正を施したものである。その過程には以下の必須のステップがある。

1. 問題を明言し，ゴールを設定する
2. 関連情報を集める
3. 問題に対する可能な解決策を考え出す
4. 制約事項をリストアップする

5. 1つの可能な解決策を選択する
6. 詳細な解決策を作成する際に考慮すべき重要な要因を分析する
7. 1つの詳細な解決策を練り上げる（まとめる）
8. 最終的な解決策を評価する
9. 適切な実行計画を勧告する（Wales and Nardi 1982）

　ガイデッド・デザインは人間が無意識に行っている日常の意思決定を形式化したものである。このアプローチの例として，「今夜どこで食べようか」という質問が考えられる（Wales and Nardi 1982）。ガイデッド・デザインのステップを活用すると，次のようなプロセスを経る。まずゴール（食事をとること）を設定し，可能な解決策（どんなレストランがあるか）を考え，制約事項（何人が行くか，費用はいくらかかるか，どれくらい時間があるか，どんな交通手段が必要か）を検討することである。選択肢が1つに絞られたら，6番から8番までのステップを適用し9番に進むことになる。このように意思決定の過程を形式化することによって，学生はより明確な意図をもって問題解決に取り組み，より上手にそれができるようになる。

　ガイデッド・デザインは多くの支持者を得て，多くの学士課程で取り入れられているが，学生の学習効果についての研究は比較的少ない。同じ内容について，ガイデッド・デザインによる授業を受けた学生とそうでない授業を受けた学生の試験結果を比較した1つの研究がある。それによると前者のほうが後者に比べて著しく高いスコアを記録したが，用いた手段や統計データはそこに全く示されていなかった（Coscarelli and White 1982）。ウエストバージニア大学では初年次学生向けの工学プログラムで2セメスター続けてガイデッド・デザインによる授業がいくつか実施されたが，それらの授業は学習内容の定着と卒業時の成績の平均評定（grade point average：GPA）において特に効果的なようであった。ケーススタディと同じくガイデッド・デザインも問題解決を教える手法として有用といえそうである。

コンピュータを利用した教育

 教育上の技術革新として，教室や研究室におけるコンピュータの利用は最も速く成長を遂げているものの1つである。多くの教育機関は最新のコンピュータのハードウエアとソフトウエアに対する需要の増大に圧倒されているようであるが，小中学校では高い費用をかけてコンピュータを導入することが生徒の学業成績の向上につながるかをようやく評価し始めたにすぎない（Johnston and Gardner 1989）。その答えは制限付きの「イエス」のようである。

 ミシガン大学の研究者たちは，小学校から大学までのコンピュータ教育の効果をメタ分析する方法を構築した。コンピュータは主として日々の問題演習，データ管理，文書処理，情報プログラミングに使われていた。研究の結果，コンピュータを利用した教育（computer-based instruction：CBI）はいくつかの利点があることが判明した。第1に，CBIによる授業を受けた学生は総じてより多くの事柄を学んだ。199の調査研究によれば，学生の平均学習理解度は50％から61％へと上昇した。第2に，従来の授業に比べてCBIによる授業を受けた学生の学習時間は3分の2で済んだ。第3に，コンピュータの操作について支援を受けたとき，学生の授業満足度は上昇した。最後に，CBIによる授業を受けた学生はコンピュータに対してより前向きな態度をとるようになった。こうしたことは，社会が仕事と家庭生活のあらゆる面において技術を取り入れるにつれてますます重要になっていくものと考えられる。評価研究においてコンピュータを利用した教育は非常に良い結果を残したといえるかもしれないが，その理由は指導が周到に設計され，「学生を巻き込む魅力的な方法で」（Kulik and Kulik 1986; Kulik and Kulik 1987, p.7）行われたからである。これはもちろん推論ではあるが，従来の対面による指導が同じようにうまく設計され魅力的に実施されていれば，もっと良い結果が出ていたかもしれない。

 コンピュータを利用した教育がそれぞれに異なる学習スタイルを持つ学生たちに影響を与えることは明白である。数学におけるある調査によれば，実験群のすべての学生と従来の指導を受けたすべての学生の成績のスコアに差異は

なかったものの，場の状況に左右されやすい学生（場の状況に左右されにくい学生に比べてやや分析力の弱い学生）は，コンピュータによる支援を受けたセクションにおいて著しく高いスコアを上げた。このように「異なる認知スタイルを持つ学生たちは学習環境に応じて異なる成績を収める」のである（MacGregor, Shapiro, and Niemiec 1988, p.462）。

　他にもコンピュータを利用した教育の肯定的特質を示す事例的証拠がある。ミシガン大学の生物学の授業ではチュートリアルプログラムが導入された。その結果，学生の学びは増進したが，とりわけ理系分野の学習が不足した学生の伸びが顕著であった。東ミシガン州立大学では，天文学の講義を聞きながら学生はモニターに映し出された惑星の動きを視覚シミュレーションで見ることが可能である。また植物学科の学生は野外データと作業数値を効率的に分析し，短い時間でより多くの要因を調べることができる。これに加えて雇用者も学位に付帯したコンピュータスキルにより多くの投資をするようになる。例えばコンピュータを活用した設計（computer-assisted design : CAD）を副専攻とするインテリアデザイン専攻者は，同じ学科の他の卒業生より1万ドル以上も高い年俸でキャリアをスタートすることができる（Johnston and Gardner 1989）。

　しかしながらコンピュータを利用した教育には限界がある。例えば，小中高校が学校全体でコンピュータシステムを構築するには多額の費用がかかる。ミシガン大学が189台のコンピュータを含む共同コンピューティング・クラスターを立ち上げたときは当初76万8千ドルかかり，さらに毎年18万9千ドル（維持管理，光熱費，交換品，消耗品，人件費を含む）が必要となった。5つの異なる機関においてコンピュータ1台あたりのコストは，立ち上げ費に2千ドルから4千ドルかかり，毎年の運営費に900ドルから1300ドルかかった。費用の多くは老朽化したコンピュータの交換に充てられる。というのも，当該分野の技術革新のスピードは速く，購入時に十全に見えるものも3～4年以内には完全に廃れてしまうからである。コンピュータ運営上の隠れた追加費用は教員の時間である。ある生物学の教員は学科内の入門コースのコンピュータプログラムを完成させるために4年かかったと報告し，半年間の研究休暇があ

れば集中してその取り組みを終えられただろうと推定している（Johnston and Gardner 1989）。

　キャンパスのコンピュータ化には職員や教員からの抵抗もある。ある学部長は彼の執務室に届けられたコンピュータを不要という理由で数カ月も段ボール箱の中に入れっぱなしにしておいた。また授業内容に影響する操作方法の問題に悩み，教室でコンピュータを活用することをためらう教員も数名いた。カリフォルニア州立大学の財務部門の調査によれば，33％の教員は「授業内容をカバーする時間がなくなる」（Ma 1989, p.71）との理由からコンピュータを使用しなかった。いかなる理由にせよ，新しい技術に違和感を覚え，コンピュータ化に抵抗する者は少なくない。

協同学習

　協同学習の目標は2つある。1つは学生の学びを深めることであり，もう1つは意思決定，対立管理，意思疎通といった学生の対人スキルを伸ばすことである。これらの目標を達成するために，その主唱者たちは過去20年間にわたり，教室内で小グループを作り，順次学生に共同で学習課題に取り組ませる方略を開発してきた。対象とする期間は授業1回分でも全学期を通じたものでもかまわない。協同学習は過去には主に幼稚園から高校までに導入されてきたが，近年は大学でもよく用いられている（Cooper 1990）。

　イリノイ州立大学における2名の教員の社会学の授業が協同学習の典型的な状況を表している。協同学習は通例15〜50名の学生の70分授業で導入されている。学期の初めに4〜6名の学生から成るいくつかのグループが無作為に作られる。ディスカッションの準備をさせるため，3つから5つ程度の質問を書いたワークシートが事前に学生に配られる。これらの質問は学生に試験，レポート，研究課題への準備をさせたり，あるいは単にディスカッションを組み立てたりすることを手助けする。「ただ乗り」という厄介な問題への対応策として，各学生はグループディスカッションに参加する前提条件として，ワーク

シートに回答を記入し提出しなければならない（教員は各学生が自分の果たすべき役割をきちんと果たすよう個々のワークシートを後で精査する）。段取り上，各グループはディスカッションを行うたびに新しいリーダーと記録者を1名ずつ選出し，その役割を指示シートに丁寧に書き込む。ディスカッションの最中に各グループは，出された主なアイデア，グループ内の意見の相違点，合意内容の要約などを網羅したレポートを作成する。このレポートを完成させるために各グループに45〜50分が与えられ，その後，得られた知見をクラス全体で比較検討する。最後に授業で作成されたレポートに基づいて成績がつけられるが，各グループのすべてのメンバーは同じ評価を共有する（Rau and Heyl 1990）。

　成績の評価はアクティブラーニングのいずれの協同作業にも関係する最も悩ましい問題である（Cohen 1986）。幼稚園から高校までの協同学習における生徒の成績を取り上げたメタ分析の結果，各自の成果に基づいて各自に与えられるインセンティブ，各自の成果に基づいてグループに与えられるインセンティブ，1つの成果物に基づいてグループ全体に与えられるインセンティブがあることが明らかになった。その分析の著者は，各自の成果に基づいたグループへの報酬（成績）が統計的に最も著しく学生の学びを高めると結論づけた。それは小テストなどを通じてグループ内のメンバーの平均点を算出することによって決定される。このようにグループ内の個々人が成績の責任を負う，すなわち「グループとしての成否は，相互に依存する2人以上のメンバーの成績で決まる」（Slavin 1983, p.431）という考え方が協同学習の中心に据えられている。

　このようなアプローチは何十年にも及ぶ個別的で競争的な教育実践と相反する。協同学習の主唱者の1人は，「グループの成績をつけることは成績評価全体の中のごく一部」（Cooper 1990, p.1）に限定すべきであると提案している。この立場を支援するかのごとく，ある大学の体系化されたプロセスの中で仲間と協力して学んだ学生は，自分なりの方法で単独で学んだ学生に比べて，短期間の記憶を問う問題の正答率を著しく伸ばしたという研究結果が得られた。協同学習がしっかりと実践されることによって，学生同士の間に小規模だが著し

い学びの移転効果があることも確認された（Lambiotte et al. 1987）。

　たとえ協同学習の技法と従来の教授法が学習者の成績に統計的な有意差を生じさせなかったとしても，協同学習にはそれを用いるに十分な他の効果があると，多くの人々は説得力をもって論じるであろう。例えば講義から協同学習へと指導方法を転換したある教授は約 50％ だった欠席率がわずか 1％ に減少したと報告している。同様にいくつもの研究が，協同学習は人種間の関係，自尊心，協調性などへの肯定的効果が大きいことを示している（Slavin 1983）。これらの特性を踏まえると，協同学習は多くの教員を引きつける方略であるといえる。大学という場でさらなる研究が進展することが期待される。

ディベート

　ディベートの形式は，反論の機会を得て反対の立場を正式に表明するものから，授業中のディスカッションの材料を提供するために双方が主張をするといったやや砕けたものまで様々である。その形式にかかわらず，ディベートは学生にとってメリットがある。それは例えば，教員がもたらすかもしれない偏った考え方を軽減し，学生自身がそれに対処することを可能にすることである。さらに学生の調査スキルを高め，論理的思考を促し，口頭による伝達スキルを伸ばすとともに学ぶ意欲も喚起する（Schroeder and Ebert 1983）。いくつかの研究によれば，ディベートはそれを聴いた学生に対しても，実際に討論した学生と同じくらい有益であることが判明している（Moeller 1985）。

　1983 年に発表された 175 人の経営者を対象にした調査によれば，優れたコミュニケーションスキルこそが，ビジネス専攻の学生が大学時代に身につけるべき最も重要な技能と考えられるとのことであった。このニーズに応えるべく，上級学年のビジネスの授業でディベートが活用され，成果を上げることが証明された（Combs and Bourne 1989）。一連のディベート授業に参加した結果，話す能力に関する学生の自信は著しく高まり，履修者の 70％ 以上が他のビジネスの授業でもディベートが用いられることを望んだ。約 80％ の学生が

ディベートによって双方が提示した論点をより深く理解することができたと述べている．最後に，講義で使われた題材からよりも，ディベートのおかげで授業から多くを学ぶことができたと 66％ の学生が回答した．

　ディベートは議論の余地のある問題を扱うことに最も適しているとされるが，初年次学生 100 人を抱える大規模な数学の授業でもうまく活用されている．教員は学生から科学的な発言を引き出し，その内容をそのままボードに列記する．教室全体でそれらの妥当性について（証明，反論，反証などを通じて）議論した後，それぞれの考え方について賛成票か反対票を投じることによって自分の立場を明らかにする．そして議論が尽くされたとき，立証された考え方が定理となる．また欠陥のある考え方は誤りとされ，適切な反証が示される．学期後のアンケートの結果，教員が適切なミニ講義を行ってディスカッションを総括する限り，授業にディベートを導入することを望む学生は 75％ にも達した（Alibert 1988）．

ドラマ

　教室での演劇の活用は授業内容への学生の関心を高め，彼らの学びを促進する（ちなみに演劇やドラマは台本に基づいたパフォーマンスであり，即興的になされるロールプレイなどの活動とは異なる）．「実験（The Experiment）」というタイトルの演劇で，社会福祉専攻の大学院生に研究の要点を教えるための方法としてドラマを評価する実験が行われた．この台本は学生たちの研究方法に対する不安を和らげるために書かれたもので，難解な概念を探索するモデル的人物を日常的な言葉を用いて描いている．学生の有志によって演じられたこのドラマは，個別の内容や態度に関する研究の論点について授業でディスカッションを行うための材料となった．演劇で示したものと，それと同じ内容を解説した講義を比較した結果，学生は前者をはっきりと好むことが判明した．さらに直後のテストでは演劇を見た学生のほうがより多くの内容を覚えていることも判明した（ただし 1 週間後のテストでは差異はなかった）．このようにド

ラマは教室内での経験を豊かなものにする効果がある（Whiteman and Nielsen 1986）。

　またドラマは進行するにつれ，概念的内容と題材について学生に思考を働かせる機会を与える。あるビジネス実務のライティングの授業では，一連の寸劇が組み込まれており，学生は特定の場面で適切な会話をしたり，登場人物の発言についてディスカッションをしたりするように設計されている。寸劇は授業に活気をもたらすが，実用的な目標の達成にも役立つ。ドラマは教材の中の具体的事項に焦点を当て，授業の重要な部分を含んでいることから，そこでのやりとりを通じて彼らがどれだけ内容を理解しているかを教員が把握することを手助けする。さらに他の双方向的な技法と同じく，ドラマは学生が「実際のビジネス上の理由で，実際の読み手に対して書くことの意味を理解する，より鋭敏な感性」を育む（McCoy and Roedel 1985, p.11）。

ロールプレイ，シミュレーションとゲーム

　ロールプレイ，シミュレーションとゲームは，一時的に現実の状況を作り出すことによって「緊張感のある，馴染みのない，複雑で，論争を呼ぶ状況」を学生に経験させ，それに対処するために必要なスキルを彼らが磨き駆使できるようにすることを目的としている（Davison 1984, p.91）。これらの手法は学生のグループ作業を促進し，意欲と熱意を高め，各人の取り組みに正当性を与えるとともに，教材や事項などを解説する講義と並行して用いることが可能である（Cloke 1987）。ロールプレイ，シミュレーションとゲームは重複する部分があり，これまでの関連文献では明確に定義されていなかった。しかし本書では，ロールプレイは1時間以内に終わるものとし，シミュレーションとゲームは数時間から数日かかるものと定義する。さらにシミュレーションおよびゲーム（ロールプレイを含む）は，しばしば即興的なロールプレイよりも明瞭に規定され，そこには従うべき原則，具体的ルール，構造的な諸関係が内包されている。特にロールプレイは，学生に他者や環境に対する自身の態度を見直させる

ことに有効である。また特別な機材や道具を必要としないという利点もある。

　ロールプレイは小学校から大学院，専門職大学院での指導まで様々な状況で用いられてきた。ロールプレイは長時間に及び，演じる前に参加者が各役柄の背景について念入りに調べることによって精巧な作品になることもあるが，たいていは短時間で即興的である。教員の役割は，背景の細部と配役の全体像を提供することによって状況を設定し，ロールプレイの具体的ねらいを学生と共有することによって彼らが熱心に鑑賞し，あとのディスカッションに参加しやすくすることである。そしてロールプレイを円滑に進め，ロールプレイに対する学生の評価を上手に導くとともに，彼らのコメントを別の言葉で言い換えたり，関連する展開について総括したりすることである（Lachs 1984）。

　ハーバード・ロースクールでは，ロールプレイは学期科目の商法の授業で導入されており，学生がインタビューし，カウンセリングし，交渉するスキルを伸ばす機会となっている。同授業の毎週の活動は周到に組まれており，学生全員がシナリオ作りに積極的に参加している。その内容は小規模製造業者と，パートナーとしてそのビジネスに投資する裕福な食料雑貨商との間の利害の衝突に焦点を当てたものである。ロールプレイを演じる学生は，すべての関連法規と事実関係を分析し，今後の打ち合わせ計画を詳述したメモを授業に先立って用意する。その週にロールプレイを演じない学生も刺激され巻き込まれる。なぜなら彼らも演技者から配布されたメモを分析し短いコメントを付して提出しなければならないからである。授業の最終プロジェクトとして，学生はペアで，小規模製造業者とパートナーの対立を解決する合意文書を作成することが課される。成績評価は授業への参加状況と提出された課題に基づいて行われる（Herwitz 1987）。

　最も革新的で個人にリスクを伴うロールプレイの方法の1つは教員自身が自分でディベートすることである。ある政治学の教授は1つの事柄に関して2つ以上の側面を論じることが学生の関心をそそることに気がついた。初めて自分でロールプレイをしたとき，彼はふだんの講義で触れるすべての点に言及しつつ，米国の政治システムの美点を称賛する意味で赤・白・青色の麦わら帽子

をかぶっていた。それから彼は今度はベレー帽にかぶり直し，フランスの政党システムの事例を精力的に語り始めた。激しい反論の応酬を経てディベートが締めくくられたとき，思わず学生から拍手喝采が沸き起こった。熱狂的に振る舞いすぎたかもしれないと悔恨しつつ，彼は果たして学生がきちんと学べたかどうか懐疑的であった。しかしその後，2つの出来事があった。学生は彼の授業が今年度のベスト講義であったと讃嘆しつつ，帽子を貸してほしいと要望したのである。また米国の二大政党制に関する次の試験への学生の回答は，他のどんな問題への回答ぶりよりも深い洞察に満ちたものであった。この方法は学生の参加をさらに促すよう数年がかりで洗練され続けている。学生は帽子に象徴された立場に対して挑むよう奨励され，教員は登場人物になり切って応答する。このやり方はロールプレイの1つの長所を例証している。学生は脅威を感じることなく，演じられた役柄を批判することができる。同様にそれに対する教員の回答もまた学生のコメントを非難するものとは受け取られない。その後のアンケート調査で，高い割合の学生がロールプレイを取り入れたディベートは従来の講義よりも面白く，内容はもちろんのことそれを多様な観点から理解することができたと答えている（Duncombe and Heikkinen 1989）。

　シミュレーションとゲームは大学でも盛んに用いられるようになってきたが，その効果に関する研究結果は一様ではない。1973年から83年までのビジネスのシミュレーションとゲームに関する研究をレビューした結果，その多くは再現性を確認するための情報提供が不十分であったり，シミュレーションとゲームに内在する変数（教室内での実践，グループの規模，ゲーム自体の複雑性など）への配慮が足りなかったがゆえに一般化することに限界が認められたりした。それにもかかわらず，学生はたいていの場合，肯定的な感想を述べる。また，いくつかの調査は学生の成績が向上したことを示している（Wolfe 1985）。

　経済学の授業を対象としたある研究は大変興味深く，学生の様々な学習スタイルに応えるという点で，シミュレーションとゲームの有用性を示したといえる。統制された条件下で120人の学生が4つのグループに無作為に分けられ

た。2つのグループに対しては講義とディスカッションが用いられ，他の2グループに対しては講義とディスカッションに加えてシミュレーションとゲームが用いられた。これに際して研究者は，学習スタイルに関するアンケートの結果から，学生は2つのタイプに分かれるだろうと仮説を立てていた。1つは，学生はシミュレーションとゲームからよりメリットを享受するというものである。その理由は，学生は話し言葉による情報から意味をつかみ，他者の立場に自分の身を置き，仲間から影響を受けるからというものであった。これに対してもう1つは，学生は講義やディスカッションから最も良く学ぶというものである。その理由は，学生は書き言葉による情報から意味を得て自律的に学習し，自分なりに判断を下すからというものであった（Fraas 1982）。学生の学期末試験の出来は彼らの特性と振り分けられたグループでの学び方と相関していた。経済学の教授法としてどちらかがもう一方より優れているということはなかったが，学生の最終成績を彼らがどれだけ学んだかを示す指標と捉えるならば，その結果は歴然としていた。つまり彼らの最終成績は各自の好む学習スタイル，すなわちどちらのグループに振り分けられるかによって統計的に有意な差を生んだのである。

　実験群の中でシミュレーション技法への反応のよい学生は（彼らは学習スタイルに関するアンケート調査で特定できたのだが），シミュレーションとゲームが用いられなかった統制群の中の同様の学生に比べて成績が良かった。逆に統制群の中で講義やディスカッションへの反応のよい学生は，実験群の中の同様の学生に比べてやはり成績が良かった（Fraas 1982, p.1）。

　この研究は，学習スタイルの異なる学生たちに手を差し伸べるべく，教員は多様な教授法を駆使すべきであるという一般的な主張を実証的に裏づけるものである。このことは，単一の教授法だけに頼ることは他の学習スタイルを好む学生たちにとって不利益をもたらすことを示唆している。

学生同士の教え合い

　ピア・チュータリングともしばしば呼ばれる学生同士の教え合い（ピア・ティーチング）は 18 世紀後半から何らかの形で存在してきたが，高等教育では比較的新しい現象である。教える側（ピア・ティーチャー）は 5 つの種類に分かれる。

1. ティーチング・アシスタント（大学院生および学部学生が務める）
2. ピア・チューター（1 つの専門領域で学生と 1 対 1 で協働する）
3. ピア・カウンセラー（広範な学術的懸案事項について学生に助言を与える）
4. パートナーシップ（1 対 1 の関係でどちらかが教員と学生の役を交互に務める）
5. ワーキング・グループ（個人のパフォーマンスを高めるために集団で協働する）（Whitman 1988）

　この中で，パートナーシップとワーキング・グループが実際の教室内でのアクティブラーニングを促進する。

　マッギル大学は最も早くパートナーシップを活用した高等教育機関の 1 つであり，学生ペアは「ラーニング・セル」というグループに編成された。学生は個別に課題を読み込み，主要な論点や事項についての質問をあらかじめ用意したうえで授業に臨む。そして毎回無作為に誰かとペアになり，交互に質問するとともに，必要に応じて誤りを正すためのフィードバックをもらう。またペアからペアへと巡回指導する教員からも指導を受ける。各学生に異なる題材を読ませ，相手にその要点を教えるといったバリエーションも考えられる（Goldschmid and Goldschmid 1976）。

　心理学の大規模授業において，ラーニング・セルと他の選択肢（ゼミナール，ディスカッション，自習）の有効性が比較・評価された。ペアで学んだ学生は学習到達度試験において統計的に有意に高いスコアを獲得したことに加え，他

の方法よりもラーニング・セルを好むことが明らかになった。こうした結果はマッギル大学の他の専門分野における様々な授業でも再現された。クラスの規模，クラスのレベル，授業内容の性質にかかわらず，ラーニング・セルの有効性が統計的に検証されたのである（Goldschmid and Goldschmid 1976）。

　パートナーシップとワーキング・グループはライティングの授業でも効果的に活用されている。例えばマサチューセッツ州にあるウエストフィールド州立大学では，批判的思考の授業を履修する学生は，他の学生が書いたレポートにコメントを付し，各節を確認しながら添削することが義務づけられている。このように学生同士が添削・編集するプロセスは彼らを学問環境というリアリティーに関わらせることを可能にする（Whitman 1988, p.26）。

　同じくスウェーデンのリンショーピング大学の英語の授業では，学生は与えられたトピックについてグループでアイデアを出し合う。そして個々人で原稿を書いた後で互いに批評し合う。学生がペアになるにせよグループを組むにせよ，こうした活動には次のようなメリットがある。

1. 教員は自分で添削する時間を減らすことができる。
2. 学生は仲間からのコメントにより一層注意を払うようになる。
3. グループワークによって学生はより多くの人を相手にするようになる。
4. 仲間との協力を通じて学生のライティングに対する姿勢が高められる。
5. 学生は仲間の原稿を連続して批判的に読むことによって書き方と直し方を学ぶことができる。

　他方，学生は仲間のライティングへの参加を強く後押しているように見えるが，そこには若干のためらいがあることにも留意すべきである。学生は必要な専門知識に欠け，誤った提案をしているのではないかと不安に思い，原稿を添削する自分自身の能力に及び腰になったりする。実際，何名かの学生は自分が他の学生の感情を害するかもしれないと心配していた（Davies and Omberg 1986）。

学生同士の教え合いに関する大半の研究は小中高校のピア・チュータリングを取り上げたものであるが，そこから得られた知見はおそらく大学でも一般化可能と考えられる。あるメタ分析の結果，ピア・チュータリングを取り入れた授業では生徒の到達度が著しく高いことが判明した。ピア・チュータリングを受けた生徒の平均点は，受けていない統制群の生徒の上位 35％ の中に入ったのである（Cohen, Kulik and Kulik 1982, p.241）。さらに生徒の点数はより精緻に組み立てられたプログラムほど高くなる傾向があること，そしてピア・チュータリングを受けた科目に対してより前向きな姿勢になることも判明した。驚くことではないが，チューターのほうも仲間に対して教えるプロセスを通じて多大なメリットを得ている。概念的な事柄を他人に説明することは自らの理解力を磨くことになるからである。こうした知見は，自らピア・チュータリングを受けた学生が上級学年となり，今度は彼らがティーチング・アシスタントを務めるという大学のピア・チュータリングの取り組みを後押しするものである。

　講義やディスカッションといった従来の技法を超えたいと欲する教員にとって，アクティブラーニングを促進する効果的な方略は豊富に用意されている。もしある教員が，講義との相対的な有効性の観点からどれか 1 つを選ぶのに躊躇しているのであれば，次のことを考慮すべきである。調査研究が示すとおり，授業内容の伝達に関してはこれら多くの技法が講義よりも優れているという証拠はほとんどないか皆無である。しかしながら，アクティブラーニングが学生の学ぶ意欲と学習到達度を高める多様な形態を取りつつ，講義と同様に授業内容を学生に伝達することもまた事実である。

第 5 章
授業変革への障壁

　　　　　アメリカの精神は革新である。我々は生活ほぼ全般にわたって新しくよ
　　　　　り良いものを希求する。しかし大学教育は革新と改善がなおざりにされ
　　　　　た数少ない領域の 1 つである（Eurich 1964, p.49）。

　高等教育における大きな教育改革と教室内でのアクティブラーニングの活用を一貫して求める近年の声に耳を傾けたとき，検討すべき重要な事項は「なぜ教員は変革に抵抗するのか」ということである。この重要な問いへの学術的探究は 2 つのカテゴリーに分かれる。1 つは変革全般に対する教員の抵抗であり，もう 1 つは特にアクティブラーニングを促進する方略の活用に対する教員の抵抗である。しかしながら，それぞれについて検討する前に，教員がアクティブラーニングの活用の勧めをあまり熱心に受け入れない理由を記述的・分析的に説明することが本書の目的の 1 つであって，彼らを攻撃することではないことを思い出していただきたい。よくある障害や障壁に関する本書の分析を通じて，それらを読者が理解し，次章で示される変革へ向けた提言と戦略に即して行動を起こすことが望まれる。

変革への全般的な障壁

　教員が変わるには以下の 6 つの共通の障壁があることがわかっている。

　　1. 教員が勤務するプロフェッショナルな環境が硬直化していること

2. プロフェッショナルな仕事をしているという教員の自負心は，変革に抵抗する傾向があること
3. 教室内のフィードバックの循環が固定化しがちであること（すなわち学生と教員は教室での互いの役割について従来と変わらない認識を共有していること）
4. 何か新しいことへの挑戦は，不快や不安の感情を必ず引き起こすこと
5. 教員は考えを声に出して講義するにつれ，自己陶酔に陥る可能性があること
6. 変革へのインセンティブはほとんどないと教員が考えていること（すなわち確立された手法からの逸脱はリスクを招く一方で見返りが少ないこと）（Ekroth 1990）

状況の硬直化

高等教育における教育と学習の研究には根本的なパラドックスが存在する。

> 一方で，我々は未知なるものを探求し，あらゆる旧い原理に挑戦し，自らの専門分野における新しい知を発見することに腐心している。他方で，従来の方法や，改善などおかまいなしに教えるという馬鹿げた話を全面的に受け入れている（Eurich 1964, p.51）。

同様に

> 高等教育の歴史を通じて，教育と学習のあり方はその大部分が所与のものとみなされてきた。今日の指導の手順や方法は往年のものと大差がない（Milton 1968, p.1）。

多くの教員は旧態依然としたやり方に慣れ切ってきたがゆえに，それが今日の高等教育の現実となって表出している。大半の教員は従来の教授法のほうが心地よいとさえ考えている。

幅広い読者を持つ「ティーチング・プロフェッサー」というニュースレターの編集者は，ある大規模研究大学の工学部の 1 単位の初回授業に参加した。それにはすべてのティーチング・アシスタントも出席しなければならなかった。そこで彼女は 1 人の学生が「ああ，なんでここにいなけりゃいけないんだろう。僕はもう 3 つのセメスターも教えたんだ」とつぶやくのをふと耳にした（Weimer 1989, p.1）。この言葉に対する彼女の反応は「私は大学教員になって 18 年目だけど，今年もこの崇高な仕事の半分でもきちんとできるかどうか真剣に悩んでいるわ」というものであった。この逸話は，大学教育から学ぶものは少ないという根強い考えを物語っている。

教員の自己認識

教員の役割と責任に関する期待は，教育，研究，サービスの 3 つにしばしば分類される。その大学の置かれた状況によって異なるが，現在，多くの大学はこの 3 つに対する相対的な重要性を緊張感を持って認識している（Boyer 1987）。「教員は授業の"負担"と研究の"機会"について語ることはあってもその逆はない」（Association of American Colleges 1985, p.10）との学術界からの言葉はあからさまである。さらに

> アメリカの学術界における最大の矛盾は，大半の教員が大半の時間を使って教え，そのうち多くの教員がすべての時間を使って教えるが，教えることは教員の業務上の評価や報酬と結びつかないシステムになっていることである。理事や事務職員は授業を称賛したとしても結局のところ研究業績に基づいて報酬を払っている。教員自身も授業は淡々と行い，研究業績をより高く評価している（Clark 1987, pp.98–99）。

大学は教育，研究，サービスのそれぞれに相対的な価値を置いているが，これら 3 つは教員にとって広く認識されている自己規定の拠り所であるとともに，彼らの関心，時間，労力に対して本質的に相容れないプレッシャーを与え

る。大学が教育よりも研究を重視しそれに応じた報酬を払う限り，教員が真剣に授業を改善しようと努力する可能性は低い。

　教室で教える責任に関して，教員は勤務先の大学が卓越した授業実践を期待していることを知っている。しかし，その卓越性がどのように達成され評価されているかについてじっくりと検証し率直に話し合う大学は少ない。ある研究によれば，「優れた教育」と最も密接に関連した要素として教員が連想するものは，他の要素を大きく引き離して「授業内容に関する知識」である。例えば，教員は知識と技能の伝達こそが教員特有の業務であると考えている（Blackburn et al. 1980）。「容器-分配器モデル」（Pollio 1987）は高等教育における教育と学習を分析した挑発的な暗喩である。知識は内容，題材，あるいは力の源泉であり，教員は（内容，題材，事実に満たされた）分配器であり，学生は（満たされることを望む）容器である。

> 知識（内容）はしばしば教員が学生に与える食物とみなされ，それを空腹でもない学生が試験のために詰め込む。学生は詰め込んだ事実を解答用紙に吐き出すことを要求されるかもしれない。もし教員が知識の分配器であれば，情報の源泉であり，試験で事実を吐き出すことを求めるだろう。教員は分配器として情報を与え，それを聴き手の頭の中に流し込んだり，アイデアを放出したりする。あるいはうやうやしく情報を差し出すこともあるかもしれない。学生は容器として事実を吸収し，情報を貯め込む。もし何も蓄えていなければ全くの真空であり，頭はからっぽということになる（Pollio 1987, p.13）。

　学習と教育の関係を「容器-分配器モデル」のように考えている教員が教えるべき内容をカバーすることにとりわけ注意を払うことは明らかであろう。もしそれが唯一の目標であれば，巧みな講義こそが目的達成のための重要な手段と見なされる。

教室でのフィードバックの循環

　教員と学生は，教育と学習の相互の適切な役割について多くの想定を抱いているが，それらは伝統的な教室環境で形成されてきたものである。例えば，どのように教え方を学んだかに関して，多くの教員は「強烈な存在感を示す自分を学生時代から思い描いて」（Eble 1983, p.1）いたことを明確に覚えている。しかし彼らの中で，教室内で一貫して巧みにアクティブラーニングを実践していた模範的教員を挙げる者はわずかである。そのようなわけで，アクティブラーニングを促進する方略を駆使する教員が少数であることは驚くに値しないのである。

　学生の抵抗感もフィードバックの循環に係るもう 1 つの要素である。学生の中には慣れ親しんだ受動的な役割と異なり，未知でドラマチックな役割を課されるアクティブラーニングに抵抗感を覚える者がいる。教員の講義を聞く役割は学生にとって馴染み深いばかりでなく，非常に安易でもある。Grasha と Riechmann が開発した学生の学習スタイル尺度を用いた研究によれば，学習スタイルとして「回避」や「依存」をしがちな学生は活発な授業参加よりも講義を好むことが明らかになっている（Fuhrmann and Grasha 1983）。そうした学生は言語・非言語的手段を通じて，新しい教育アプローチに対してしばしば不快感を示すため，教員もそれを考慮して自ずとより伝統的な教授法を選択し用いることになる。

　学生の学習スタイルの違い（Claxton and Murrell 1987）や学生の知的発達段階（Belenky et al. 1986; Perry 1968）に着目した他の研究も言及するに値する。例えば，Kolb の経験学習モデルは，アクティブラーニングを促進する方略への学生の肯定的・否定的な反応を理解するための概念的枠組みを提供する（Svinicki and Dixon 1987）。これにより，どんな教室にも受け手（観察者または聞き手）になりたがる学生もいれば，積極的に参加したがる学生もいるということを教員は想定することができる。

　学生の知的・倫理的発達に関する古典的研究によれば，「二元的学習者」は彼

らが学ぶべき内容を教員が明確かつ正確に示す，構造化された授業を望んでいる（Perry 1968）。そのような学生は，教員が授業をコントロールし，単に事実を伝えるものと思い込んでいる。彼らは自分たちの役割はノートを取りその事実を暗記することと信じ込んでいる。二元論者は概してクラス内のディスカッションは混乱を招き，時間の無駄であると考えている。相対的ではあるが，知的発達の後半段階においてのみ，学生は自らの学びに対して大きな責任を持ち，授業参加を刺激的な意見交換の機会と捉え，互いに学び合い批判し合うことができると考えている。同様に，女子学生を対象とした類似の調査では，「譲り受ける知識」をひたすら求める者（鉛筆を握り教員の発する一言一句を書きもらすまいと身構える者たち）と，「関連づける学び」あるいは中立的な立場から物事を別の視点から眺めようとすることに関心を持つ者との間に際立った対比があることが確認された（Belenky et al. 1986）。これらの研究はともに紛れもない1つの結論に至っている。それは，教室でアクティブラーニングを用いる教員は常にすべての学生を満足させることはおそらくできないが，伝統的な講義型授業しか行わない教員もまたそうであるということである。

戸惑いと不安

何か新しいことに最初に挑戦しようとする際に，ある程度の戸惑いや不安を感じることはおそらくどこでも同じである。初めてローラースケートをしようとしたり自転車に乗ろうとしたりするときの気持ちと大して違わないものであろう。したがって大事なのは，いつ教員が今までと異なる新しい教授法を教室で試してみようと考えるかということである。例えば，教育テレビに対する教員の抵抗に関する研究報告は，大学教員は「えてして保守的であり，古くて実証済みの方法を好み，いかなる革新的なものも大きな不安を抱きながら見る」（Evans and Leppmann 1967, p.55）と述べている。この実証データは25年前のものであるが，高等教育の革新的取り組みに関する文献において，大学教員が近年大きく変わったという証拠を示すものはほとんどない。

教員の自己陶酔

　1つの授業を終えると次の授業へと教員は繰り返しすべての業務をこなすことが観察された（Weimer 1989）。まさしく50分間の授業で，主に学生がやりとりするディスカッションを導いた経験がある教員であれば，彼らの話し合いに割って入らないことがいかに難しいかをよく知っている。

　残念ながら，教員が自分の講義に酔いしれても，学生が同じように情熱的な感情を共有するとは限らない。

> 私たちが出席した1年生の心理学の講義では，教員が「今日は学習についてのディスカッションの続きをします」とマイクでしゃべり始めたとき，300人もの学生はまだ自分が座る席を探していた。それはグレイハウンド社のバスターミナルで大勢の人に向かって話しかけているのと同じようなものだった。次のバスを所在なげに待つ乗客のように，この授業の学生は代わる代わる新聞を読み，ペーパーバックの小説のページをめくり，あるいは宙を見つめながら自分の前の椅子に足を投げ出していた。そして教員がある用語を定義し，「試験に出るかもしれない」と言ったときだけ，彼らは頭をもたげてノートを取った（Boyer 1987, p.140）。

変革に対するインセンティブの欠如

　よくある理由で教員は変革へのインセンティブはほとんどないと思っている。何よりもまず「自分たちは良い教員だ」という思い込みが蔓延している。例えば24の大学で行った調査によれば，20〜30％の教員が自分の教え方を「優れている」，58〜72％が「並み以上」，7〜14％が「並み」，0〜3％が「許容できる」，そして0〜1％未満が「劣っている」と評価した（Blackburn et al. 1980）。ある同僚はこのデータを鋭く読み取り，90％の教員が自分の教え方を「並み以上」と考えているということは，「レイク・ウォビゴン効果」（ガリソン・ケイラーの小説に出てくるミネソタ州の架空の町では，すべての女性は強

く，すべての男性は格好良く，すべての子供は並み以上であるという話）の高等教育版にほかならないと喝破した。教員は自分が並み以上であるというイメージを抱くことによって，新しいアプローチを試そうとする気がなくなってしまうのである。

高等教育に批判的な報告書は多数あるが，大学における教員の報酬制度は過去何年にもわたってほとんど変わっていないようである。教員は大学の報酬体系は時間が経っても変わらないと思い込んでいる（Blackburn et al. 1980）。大学は革新的な教え方に対してはっきりと目に見える報酬を与えることはせず，暗黙のうちに現状の教え方を認めてきた。

「新しいことに挑戦するときに教員が具体的なインセンティブを要求することに，一般の人々はしばしば衝撃を受ける」（House 1974, p.73）。加えて「革新的なことをするには高い人件費がかかることが多く」，「革新とは，最後は実を結び人的投資に見合うが多額の利益回収は望み薄という信念に基づく行為」である（同 p.73）。大半の教員が自分を並み以上と思っていること，変革への金銭的インセンティブが低いこと，そして変革には多額の人件費が必要であることを考え合わせると，従来と異なる新しい教授法を試してみようとする教員の数は決して増えない。

アクティブラーニング導入の障壁

多くの教員は，学生が本当に学ぶためには積極的な授業参加が不可欠なことに賛同する。しかしワークショップでは，その同じ教員がアクティブラーニングを促進する方略をあまり用いない理由を漏らしている。よくある障壁は以下のようなものである。

1. 与えられた時間ではすべての内容を教えることができない。
2. アクティブラーニングを用いた授業を構築するには準備に多大な時間を要する。

3. 大人数授業ではアクティブラーニングの実施が困難である。
　　4. アクティブラーニングを支援するために必要な道具や機材が足りない。

すべての内容を教える

　1人の学生と教員との短くも強烈な次のやりとりは，担当科目で教えるべき内容を懸命にカバーしようとしている教員たちのプレッシャーをよく表している。「最後のステップについて説明していただけますか」と尋ねた学生に対して，その教員は「君が質問して私をさえぎると，教えるべき内容を教えられなくなってしまうんだ」と答えた（Janes and Hauer 1987, p.36）。正直，この悲しい対話はかなり極端な事例ではあるが，すべての教員は自分の担当科目や領域における内容を教え切らなければならないというプレッシャーを多かれ少なかれ感じている。アクティブラーニングを用いると実質的な授業時間が減ってしまうため，情報伝達の手段としては講義のほうがより簡単でより効率的であると教員は結論づける。しかしながら，学生の学びを促進する最適な方法は講義であるとの言外の思い込みは厳しく検証されるべきである。「何度も指摘されているように，印刷技術の発明と印刷物を安価で容易に入手できるようになったことによって講義は時代遅れとなったのである」（Eble 1976, p.43）。

> 　教員は書籍以上に正確に授業内容を教えることはできないであろう。授業が書籍の総和以上の意味を持つのは，そこに教員と学生，学生同士の関係といった一連の社会的な活動が含まれるからである（Eisenberg 1987, p.18）。

　さらに，常日頃アクティブラーニングを促進する方略を用いる教員は，学生が指定された内容を確実に学ぶためには別の方法（例えば，読書課題やレポート作成，授業中に行うテスト）があることも知っている。学生がうまく学べるように支援するための1つの方法は，進行中の活動において，スタディスキルに関する系統立った分野特有のトレーニングを提供することである（Davies

1983; Eison 1988)。その他の有益な方法としては学生向けに自習教材を作成することがある（Bedient, Garoian, and Englert 1984）。自分自身の努力で教材をしっかりと学ぶことができるなら，同じ内容すべてを授業中に教えてもらう必要はないと多くの学生が述べている。7つの大学で5000人以上の学生の学びと成績に関する傾向を調査した研究によれば，28〜57％の学生が「講義やクラス発表が読書課題の安易な焼き直しに過ぎないときはイライラする」とのことであった（Eison and Pollio 1989, p.13）。しかしながらその学生の87〜92％が「教員が教室の壁を越えて実社会の事柄と教材を関連づけようとする授業は面白い」と回答した（同 p.13）。これらの結果が示唆するものは，大勢の学生の学習選好に応えるために，読書課題として事前に出した内容を教員が改めて授業中に時間を割いてまで教えなければならないと思い込む必要はないということである[*1]。

授業の準備

　一般にアクティブラーニングに対する教員の抵抗の度合いは，新しい技法や役割を学ぶのに要する時間およびエネルギーと相関している（House 1974）。また新しいスキルは古いスキルを陳腐化させるかもしれず，そうした不安は教員の態度と行動に大きな影響を与える。例えば，筆者らがワークショップで出会った教員の大半は，アクティブラーニングを実践する授業の準備にかける時間は今までの講義を更新・修正する時間よりも長いと考えていた。そして多くの教員が，アクティブラーニングを用いる場合，毎授業の講義ノートをすぐにでもすべて書き直さなければならないかもしれないと心配していた。

　数えきれないほど多くの教員が授業の初日に学生に対し，何か新しい知識体系を学んだり新しい技能を修得したりするためには時間と労力が要求されると

[*1] おそらく多くの教育者にとって，知識を得るプロセスに活発に学生を巻き込むことによって「題材の中に新しい価値を見いだす」ことは，伝統的な講義を通じて「すべての内容を教える」ことよりも魅力的なイメージがあるかもしれない。

話す。この教育上の真理は，教育アプローチの大転換を熟慮している教員にとっても同じように当てはまる。しかしアクティブラーニングを導入するといったん決めてしまえば，それにかける準備時間や労力は過度でも理不尽でもない。アクティブラーニングを促進する方略は教育上のレパートリーに徐々に加えられていく。1つの助言としては，アクティブラーニングをいくつかの授業で同時に導入するのではなく，最も経験があり馴染み深い授業を1つ選んで導入することである。

大人数授業

　学生，保護者，教員は大人数授業を概して好ましく思っていないが，財政的理由から授業の規模は大きくなりがちである（Weimer 1987）。大人数授業はアクティブラーニングを促進するいくつかの方略（例えば，学生の発表，頻繁なレポート課題）を阻害することはあるかもしれないが，すべての可能性を排除するものではない。また学生の教室での反応は授業の規模よりもむしろ教育の質に依存するところが大きい。ワシントン大学の800人以上の学部学生を対象とした調査では，実のところその41％が100人以上の授業を望んでいることが判明した（Wulff, Nyquist, and Abbott 1987）。

道具，機材，資金の不足

　アクティブラーニングに必要な道具や機材の不足は，その促進のためのいくつかの方略（例えば，実演や実験室での作業，あるいはコンピュータや視覚に基づいた教育活動）の障壁となりうるが，もちろんすべてに対してではない。これまで論じてきた多くの方略には，ほとんど費用は発生しない。例えば，学生に要約するよう指示する際，読んだ教材について書かせたり，発言や主張を評価するためにペアを組ませたりするのに機材は不要である。

リスク：あらゆるものの中で最も困難な障壁

「教室内での革新的なアイデアの採用とそれがもたらす変化を理解するためには教員世界の実相を理解する必要がある」(House 1974, p.79)。教員世界の現実において重要なことは2種類のリスクに勇んで向き合おうとする気構えである。1つはアクティブラーニングに対して学生がどのように反応するか，もう1つは自分自身の教え方について教員がどのように感じるかということである。

1つめのリスクとしては，学生が積極的に授業に参加せず，十分に内容を学ばず，高次の思考スキルを駆使しないことが考えられる。例えば，アクティブラーニングを実践すると教員が決めたとしても，「もし学生が活発に参加しなかったらどうしよう」という不安はしばしばつきまとう。まさしく多くの教員は学生の受け身の姿勢が大きな問題であると述べている。またより厄介な問題としては，アクティブラーニングを促進する方略を用いると学生が学ぶ内容が結果的に減ってしまうのではないかというよくある不安を教員同士で共有してしまうことが挙げられる。しかしながら，従来の講義に代わる教育技法を用いた場合，学生は従来と同等かそれ以上に学ぶことは，先に総括したアクティブラーニングに関する文献が示している。

学生に創造的・批判的に学び考えさせるようにする教育方略を開発することは，今日の教員が直面する最も差し迫った教育課題の1つである。本件に関する専門家の忠告は明快である。それは，難易度の高い知的作業のモデルを作ることをめざす講義を聞いたとしても，学生がそうした学習スキルを上手に活用する方法は学べないだろうというものである。

> 自分は何を教えるべきか，自分が教えたことをどう証明するか，自分が教えるべきすべての内容をどうしたらカバーできるか，と教員に関心を向ける代わりに，もし我々が学生に関心を向けるならば，これらの問いや事柄は全く異なったものになるだろう。この授業における彼の目的は何か，彼は何を学びたいのか，彼の学びと成長を我々はどうしたら手助

けできるか，と問うのではないだろうか。その結果，全く異なるタイプの教育が続いて生起するだろう（Carl Rogers 1951, cited in Bligh 1986, pp.170–71）。

　教員の側も，クラスを管理しない，必要とされるスキルを持たない，確立された手法で教えていないことを他人から見られるなどのリスクを負う。例えば，従来の講義の場合，誰が教室内をコントロールするかは明らかである。授業の前に熟練した教員は具体的な目標を設定し，話す内容を周到に組み立て，使用する図や絵を確認し，ことによると冗談やユーモアに満ちた逸話をいくつか用意する。授業中，教員はたいてい1人で話し，いつ学生に具体的な問いかけをするかを決め，学生からの質問に答えるタイミングを決め，黒板にメモした題材を選ぶ。つまり教員はすべてを管理している。他方，アクティブラーニングでは教員は学生と主導権を共有することになる。このリスクはある者にとっては深刻であり，他の者にとってはすべての中で最も難しい仕事である。学生は教員の権威や能力に挑む（すなわちクラス全体が制御不能に陥ったり，答えが用意されていない質問が飛び出したりする）かもしれない。教員が統制権を手放して学生と教室内で共有することができれば，学生は表舞台に立つ偉大な役者に学ぶ聴衆の1人から，自身の教育に重要な役割を果たす俳優になることができる。

　前述のとおり，アクティブラーニングは教員に新しいスキルの習得を求めるとともに，リスクももたらす。しかしながら，本書を通じて紹介された事例を参照することによって，新しいスキルや役割を学ぶ時間と労力は大幅に縮減されるであろう。さらに，高等教育における多くの研究分野では，それぞれの学問領域に基づいた教育技法を共有するためのジャーナルもいくつか発行されている。そのようなジャーナルの最新号には，アクティブラーニングを促進する方略を成功裏に駆使するための提言が多く載っている。さらに入門的な授業科目を教える人々は中等教育のジャーナルも参考にすべきである。

　多くのプロフェッショナルと同様に，教員は同僚や仲間から尊敬を得ること

を願っている。その理由は彼らが昇進や終身在職権に係る委員会の一員であるからである。アクティブラーニングの実践は確立された規範からの逸脱を意味し，そのような行動は良い教え方ではないと評価されるリスクを冒すことになる。例えば，革新的な取り組みに関する研究では次のようなことが示されている。

> あるシステムにおいて最も革新的なメンバーは，しばしば社会システムからの逸脱者と見なされる。その者は当該システムの凡庸なメンバーたちからは，どこか怪しげで信頼性に欠ける者として認知される（Rogers 1983, p.27）。

「自分がやりたいことをやらせてもらえないという虚構」（Combs 1979）は教育改革を求める教員がよく口にすることであるが，読者はその逆の例をご存知かもしれない。

> 我々全員は（中略）思っている以上に，はるかに多くの革新する自由を持っている。自分がやりたいことをやらせてもらえないという虚構は何もしないことへの便利な口実にすぎない。その虚構には好都合な点さえある。自分の怠慢を責める代わりに，もし事情が許されるなら我々は偉大なことができる真に立派な人間であると思い込んでいる。教員はこれまで行使してきた以上に，はるかに多くの革新する自由を持っている。教室のドアが閉じられれば，教員と学生以外は誰もその中で何が起きているのかわからない。教員は教育システムを変えられないかもしれない。事務職員も。しかし，ありふれた教室の中でとり入れられるバリエーションはほぼ無限大なのだ（Combs 1979, pp.209,212）。

最終章では，どのようにこの変革が成し遂げられうるかについて述べる。

第6章
結論と提言

　　　　人間は為すことによって学ばなければならない。というのも，知っていると思っていても実際にやってみるまではそれが確かなことかわからないからである（Sophocles, cited in Rogers 1983, p.163）。

　どうしたらアクティブラーニングを促進する方略を教室にとり入れる際の障壁や障害を乗り越えられるか。この極めて重要な問いへの答えを模索することがこの最終章の主眼である。複雑な事柄を分析したり，難しい問題を解決したりしようとする際にしばしば当てはまることであるが，多面的なアプローチが考えられる。特に本章では，教員，FD担当者，事務職員，教育研究者たちが取ることができ，また取るべき方策について検討する。

大学教員の役割

　個々の教員や教員の小グループが，自らの影響が直接及ぶ範囲，すなわち日々の授業における改革者であることを自覚したとき，最も広範で最も持続性のある学士課程教育の改革が始まる（Cross 1989, p.1）。その改革に着手する1つの方法は教室内にアクティブラーニングを促進する方略をとり入れることである。それを成功させるためには，教員は1人の人間として前章で述べたリスクを伴う事柄に立ち向かわなければならない。アクティブラーニングは常にある程度のリスクを教員に負わせるが，その程度を安定して抑える方策を慎重にとりながら教員は成功の可能性を極大化することができる。

既述のアクティブラーニングを促進するいくつかの方略は，それぞれが抱えるリスクのレベルやタイプにおいて多様である。表1は低リスクの方略と高リスクの方略の特徴を比較し概念化したものである（Eison and Bonwell 1988）。授業時間の観点からは，比較的短い時間のほうが長い時間よりも著しくリスクを軽減する。例えば，学生がある事柄を分析したり，ある問題を解決したりするために，小グループで10〜15分間ディスカッションするときのほうが，同じく25〜30分間ディスカッションするときよりも生産効率が悪くなるリスクは低くなる。それゆえリスクの低い方略を望む教員は授業時間を分け，ミニ講義をしてからアクティブラーニングを含む短時間の活動を行うことを検討するのがよい。この低リスクのアプローチは，週1回3時間の夜間授業を担当する教員にとってとりわけ有益であろう。さらに重要なことは，リスクの低い双方向授業を行うことで，教員は新しい技法で経験を積み，成功を重ねることができるようになる。

表1
低リスクおよび高リスクのアクティブラーニング方略の比較

観点	低リスクの方略	高リスクの方略
授業時間	比較的短い	比較的長い
構造化の度合い	より精緻	より緩い
計画の度合い	綿密に	大らかに
授業内容	より具体的	より抽象的
論争を招く可能性	より低い	より高い
授業内容に関する学生の予備知識	より多い	より少ない
教授法に関する学生の予備知識	馴染みがある	馴染みがない
教授法に関する教員の過去の経験	豊富である	限られている
意思疎通のパターン	教員と学生間	学生同士

　構造化と計画の度合いに関しては，より精緻かつ綿密な方略をとるほうがリスクは低くなる。既述のとおり高度に構造化された方略とは，短いライティング，フィードバック講義，ケーススタディ，ガイデッド・デザイン，ディベー

トなどである．反対に，学生の反応に即して展開する講義やロールプレイ，小グループ討論は一般に構造化の度合いは緩い．本書で論じたいずれの方略を用いるにせよ，教員は多かれ少なかれ構造化されたものを持ち込むことになる．例えば，授業中の巧みな発問技法には，倫理的な問題についての考え方を広げるような質問群とは反対に，単一の概念を理解することに焦点を当て，思考を深めるような質問群を順番に練り上げることも含まれる．それゆえ構造化の度合いは教員の好みによるのである．

　同じように，各教員の心地良さの感じ方によって授業計画の度合いも変わってくる．厳格な定義，説明に役立つ事例，ユーモアの入った言葉を細かく書き記した講義ノートを決まって用意する教員もいれば，講義の骨格や想定される事例を列記しただけのノートに頼ることを好み，気分次第でユーモアを取り入れる教員もいる．両者に優劣はなく，最適なスタイルは教育実践のあり方というよりは各人の好みの問題である．しかしながら，事前の計画が粗い授業ほど高いリスクを伴う．授業開始 5 分前に突然何の前触れもなく無意識に思いついたアクティブラーニングの方略に期待することは極めて危険である．

　個別の授業内容もリスクの高低に影響する．比較的明確な内容のほうが難解なものよりも困難に直面する可能性は低くなる．例えば，授業時間内に終わるような具体的で短い読書課題に基づいたアクティブラーニングは，高校で学んだ不確かな知識に基づく授業よりも教員と学生の双方にとってリスクが低くなる．また授業で扱うテーマに関しては，論争を招く可能性や一触即発の程度が低いほどリスクも低くなる．さらに内容が個人の価値観に踏み込んだり，確たる信念に挑んだり，個人的な偏見を特定したりして大いに物議を醸しだすようなときは，議論が過度に白熱し収拾がつかなくなる可能性が増大する．しかしながら正反対に，意見を交わす余地のないテーマについてのディスカッションは単に退屈をもたらすリスクを招くだけである．

　授業の内容に関する学生の知識もリスクに影響を与える．学生の知識が豊かであればあるほど教員が失望するリスクは低くなる．単純だが効果的なアプローチがいくつかある．例えば活動を開始する前に学習内容に関する学生の知

識を測ることはリスク軽減につながる。そのような測定を行うことで教員は，学生が適切な内容を学ぶことができるような教材（学習ガイド，短いライティング課題，読書課題）や方略を思いつくことができるようになる。おそらく，すべての中で最も安全なアプローチは，基礎となる知識を学生が共有できるよう，授業中に短い読書課題を与えることである。

　何らかの教育技法に過去に接した経験があるかどうかも教員および学生双方へのリスクの高低に影響を及ぼす。学生か教員のどちらかが持っている経験が少なければ少ないほどリスクは増大する。この見解が示唆するものは，学生にとってその教員特有の教え方がわからず，人間的信頼性も不確かな学期の早い段階で，教員がアクティブラーニングを試みることは，学期の終盤に同じ活動を試みるよりも大きなリスクを伴うということである。関連事項としては，学生がどれだけ特定の方略を好むかという点がある。学生はディスカッション（および他の双方向のやりとり）の技術を学ぶ必要がある（Gregory 1984）。学生はひとたびある方略に慣れればモチベーションが上がることがこれまで引用した研究でも示されている。同様に教員も自分の学生のことをよく知り，アクティブラーニング特有のアプローチに慣れるまでは，高いリスクを抱えることになる。

　アクティブラーニングを促進する方略は教室内のコミュニケーションのパターンを劇的に変える。教員と学生のやりとりに重きを置けば置くほどリスクは低くなる。反対に教員が学生同士の対話を奨励すればするほどリスクは高くなる。小グループにおいて，学生が上手な聞き手でない場合またはリーダーとしての経験が足りない場合，本筋からそれてしまうこともある。引っ込み思案な学生は他の学生との話し合いに参加できないかもしれない。そのような問題は教員の入念な計画と実践によって減少させることが可能である。

　本書を通じて，アクティブラーニングを促進する方策とは，学生を何らかの作業に取り組ませ，その作業を行っていることについて考えさせる教育活動であると述べてきた。教室内で生起することと生起しないことについて，教員が依然として大きな権限を握っていることに再度言及することは重要である。時

間，題材，構成，技法といった授業の要素を教員がコントロールする程度が実際のリスクのレベルを規定する。いかなる教員であっても，このように各要素を吟味し最終形に落とし込むという選定プロセスがアクティブラーニングの成否を決定する。

　さらに，いくつかの教育アプローチを学生の活発度やリスクの高低から整理することは有益である。表2はこれら2つの観点からこれまで論じてきた教育技法を整理したものである。

表2
学生の活発度とリスクに応じた教育方略の整理

活発な学生／より低いレベルのリスク	活発な学生／より高いレベルのリスク
構造化された小グループ討論	ロールプレイ
アンケート調査	小グループによる発表
実技・実演	個々の学生による発表
自己評価活動	教員の指示に基づくイメージ演習
ブレインストーミング	自由な小グループ討論
授業中のライティング	学生に反応しながら展開する講義
野外調査	
図書館ツアー	
小テストまたは試験	
小休止を入れた講義	
ディスカッションを入れた講義	
フィードバック講義	
ガイデッド・レクチャー	
非活発な学生／より低いレベルのリスク	非活発な学生／より高いレベルのリスク
全授業時間を通じての映画鑑賞	質を保証できないゲスト講師の招聘
全授業時間を通じての講義	

　教員はアクティブラーニングに対する主な障害や障壁を1つずつ克服し，学生をより活発にし，日々の授業スタイルにより大きなリスクを持ち込む教育方略を次第に取り入れながら失敗の可能性を上手に引き下げることができる。し

表3
教室での教授法に関する調査

説明：教員は様々な方法で授業を行います。あなたが学期中に授業で最も多用した教育方略について答えてください。まず教育方略のリストを丁寧に読んでください。次に，もしあなたが前回担当した授業で用いた教授法があればチェックを入れてください。最後に次回も同じ授業でその教授法を使いたいと思う場合はチェックを入れてください。		
教育方略	前回	次回
授業時間中ずっと講義をした。	☐	☐
授業時間中ずっと映画やビデオを鑑賞させた。	☐	☐
講義の間に実演をしてみせた。	☐	☐
抜き打ちの小テストをした（成績評価との関連を問わない）。	☐	☐
小休止を入れながら講義をした。	☐	☐
短いライティングをさせたが，その後クラス討論はしなかった。	☐	☐
自己評価（自分の信念，価値観，姿勢などについて質問票を埋める）活動をさせた。	☐	☐
調査ツールを学生に仕上げさせた。	☐	☐
フィードバック講義をした。	☐	☐
ガイデッド・レクチャーをした。	☐	☐
15分以上のクラス討論を入れて講義した。	☐	☐
短いライティングをさせ，その後15分以上クラス討論をした。	☐	☐
15分以上の視聴覚教材（写真，絵，漫画，図，歌など）についてクラス討論を行った。	☐	☐
授業中に文献を読ませ，その後15分以上の本格的なクラス討論を行った。	☐	☐
問題解決を図るゲームやシミュレーションに学生を巻き込んだ。	☐	☐
ブレインストーミングに学生を参加させた。	☐	☐
体系立った問題についてのディスカッションやプロジェクトを小グループに課した。	☐	☐
学生中心のクラス討論をさせた（学生自身が問いを立て討論を導いた）。	☐	☐
個々の学生にプレゼンテーション（スピーチ，報告など）をさせた。	☐	☐
プレゼンテーション（ディベート，パネルディスカッションなど）を小グループにさせた。	☐	☐
ロールプレイに学生を参加させた。	☐	☐
学生に反応しながら柔軟に講義を展開した。	☐	☐

かし，その前に教員はまず自分が現在活用し，快適と感じている方略を確認すべきである。そして，他の方略に関する知識を基に，どの新しい技法を次の学期で試行的に用いるかを決定する。表3の自己評価ツールはこの一連の過程を支援すると考えられる。各項目はほぼリスクの低い順に並べられている。

　この調査紙に記入した後，教員は「次回」の列を検討し，研究・実践のために最もリスクの低い方略を選定することが望ましい（本書の最後に掲載した参考文献リストは，多様な技法に関する裏付けや，問題を理解し評価するうえで役立つ十分な資料を提供している）。もし選定した方略が適しているようであれば，次のステップは時間，題材，構成といった他の重要なリスク要因を踏まえた周到な計画づくりに着手することである。選定した技法にかかわらず，経験の浅い教員は念入りに構成した題材（講義，配布資料，視聴覚教材など）に基づき，教室では短時間の活動を実践すべきである。やがて自信を深めるにつれて，計画作りに係る制約は緩められていくと考えられる。

　アクティブラーニングを促進するいくつかの方略は，ある特定の学問分野ではより容易に実践できることに留意すべきである。例えばロールプレイは，数学や化学よりも，文学，心理学，看護の授業により適した活動である可能性がある。他方，グループワーク，ブレインストーミング，ディベート，ライティングは様々な理系科目で生産的に活用されてきた。要は，これまでに述べてきたあらゆる技法があらゆる学問分野に等しく有効ではない一方で，アクティブラーニングを促進するすべての方略をきっぱりと否定するような学問領域もまた存在しないということである。理にかなった教育活動は，その実践が難しいという理由だけで直ちに拒絶されるべきではない。

FD担当者の役割

　教育方法やテクニックについてのワークショップは大学教員の能力開発の最も一般的な活動形態の1つである（Erickson 1986）。これまで論じてきたことを踏まえれば，FD担当者やFD委員会がアクティブラーニングの活用に関

するプログラムを頻繁に企画・実施することは妥当と考えられる。短時間で意識全般を高めるセッションに加えて，スキル習得のためのきめ細かいワークショップも行われるべきである。

FD 担当者は，新しい取り組みの導入に影響を与えるいくつかの特徴を認識し，プログラムで取り上げるべきである（Rogers 1983, pp.15–16）。

1. 比較優位：新しい取り組みが今の考えよりも良いと認識される程度
2. 互換性：新しい取り組みが既存の価値観，過去の経験，潜在的な導入者のニーズと一致していると認識される程度
3. 複雑性：新しい取り組みが理解・実施困難と認識される程度
4. 試行性：新しい取り組みが限定的に試行可能と認識される程度
5. 可観測性：新しい取り組みの結果が客観的に可視化される程度

授業の質を高めるプログラムを成功させるためにはこれらの原理に沿って企画・実施すべきである。また，そのプログラムを通じて，アクティブラーニングには講義よりも優れた点が確かにあり，リスクの低い簡単な方略（2 分間の静寂を 3 回挿入したり，定期的にライティングの演習を入れたりすること）を，徐々に混乱なく既存の授業スタイルに組み込んでいくことは十分に可能であることを周知させる必要がある。そのためにもアクティブラーニングを促進する方略の活用は大学の FD 関連のニュースレターや出版物で頻繁に取り上げられるべきである。他方，アクティブラーニングのやり方を掲載した配布資料を単に教員に送付するだけでは不十分である。その理由はリスクの高い新しい方略の活用は，経験年数の長い凝り固まった教員に対して自分が無力であると感じさせてしまうおそれがあるからである。彼らは FD 推進室あるいは同僚のネットワークから個人的な支援を継続して受ける必要がある。

> 人間の生命に血液の循環が不可欠であるように，新機軸の普及には直接的で個人的な接触が不可欠である。新しい取り組みは直接的で個人的な接触という手段を通じてこそ促進される。新しい取り組みはそのような

接触の回数，頻度，密度，期間に比例して普及する（House 1974, p.11）。

　アクティブラーニングを促進する方略をテーマとしたワークショップを開催することに加えて，主催者たちはあらゆるFDプログラムにおいてアクティブラーニングの手順をモデル化すべきである。多くの専門部会で，発表者はディスカッションの導き方を講義したり，刺激的な授業の構成要素を長々と説明したりする。すべてのトピックが双方向技法のモデル化に適しているわけではないが，教授法についてのFDプログラムはまさにそれに適している。しかし先入観を払拭することは難しい。最近の全国規模の大会で，ある基調講演者が大学幹部向けにクリティカルシンキングの技法について話をするよう依頼された。その講演者が，双方向のやりとりを体験できるセッションを持ち，そこでクリティカルシンキングを教室で実施する際の良い点と悪い点を検討するという企画を事前に知らせたところ，主催者側はその技法を選択することにためらいを感じ，最後に「結局，その人たちは大学の学長なのです」とうっかり口走ってしまった。しかし主催者側が安心したことには，学長たちですらその双方向のセッションを称賛し，熱狂的に受け入れたのである（Eison, Janzow, and Bonwell 1990 を参照。ファシリテーターがワークショップで成功するための20以上の具体的提案を掲載している）。

　FD担当者もまた大学全体のカリキュラム改革の議論の中にアクティブラーニングの考えを持ち込むことができる。現在の大学の動向に関する全国調査によれば，9割以上の大学がカリキュラム改編を終了しているかその最中にある（El-Khawas 1988）。特に共通した課題は，学生のライティング技術の向上，一般教育の新しい必須要件の設置，初年次教育の重点化であった。アクティブラーニングを大学全体に広げるための1つの方策は，授業や大学カリキュラムに関する新規または改訂の案について議論する時期を確定することである。そして各委員会は何を教えるべきかを検討するだけでなく，どのように教えるべきかについても同等の力点を置くべきである。

大学職員の役割

　大学職員は，優れた教え方と新しい教授法の導入を認識し顕彰することを通じてアクティブラーニングのより一層の展開のための土台作りに貢献することができる。残念ながら，こうしたことはほとんど目標とされていない。「教育の卓越性」を口先だけで支持する一方で，大抵の大学は他の事柄を重視しており，それは教員がめざしているものと異なっている可能性がある。非常に多くの教員が教育に高い優先度を置いていることが主要な調査で明らかになっている。そのような認識を持っていることを研究大学で 35〜45％，博士号を授与する大学で 55〜75％，総合大学で 75％，リベラルアーツカレッジで 75〜90％ の教員が示している。とりわけ興味深いのは研究大学においてすら，研究に重点的に取り組んでいると報告した教員はわずか 15％ であった（Clark 1987, p.86）。このように全国的に大学教員は教育に強くコミットしているようであるが，教育への関心を醸成したり報酬を与えたりする仕組みはほとんどない。

　こうした不均衡に大学職員はどのように対処すべきであろうか。近年の特に有益な書物は，いかなる大学であれ経営幹部は，自己の組織において教育というものを規定している社会的・文化的な考え方を転換することによって，授業改善のための土壌を作らなければならないと提言している（Weimer 1990）。その提言には特に以下の内容が含まれている。

- 他の学問分野における研究と同じように教育という技法について探究する風土を築き上げよ。教育への研究が奨励され，評価され，議論されるべきである。
- 教育への期待について教員と明確で一貫したコミュニケーションを取れ。教育は組織的に重要であるが，報酬は主に研究に基づくと言われると，教員は苛立ち困惑する。
- 学生の異なる学習スタイルのニーズを満たす様々な教育技法の活用を奨励せよ。学生は生来異なっており，彼らの多様性がいろいろな教え方の

質を高める。
- リスクを許容する温かい環境を作れ。たとえ最初の試みが不満足なものであったとしても，新しい技法を試すのは良いことであると教員が思うことが大切である。

多くの大学が優れた教育実践をほとんど表彰することだけによって，これらの目標を実現させようと皮相的な努力をしている。しかし，単一のアプローチだけでうまくいくことは滅多にない。

> カリフォルニア州のモハベ砂漠が，古代ケルト社会のドルイド教の司祭による支配に適していないのと同じように，現在，大学と教育の関係はしっくりいっていない。もしあなたがドルイド教の司祭職の回復を望むなら，ドルイド教の年間最優秀賞を授与してもそれは不可能である。ドルイド教の復興を真に望むなら，まずもって森を育てなければならない（Arrowsmith, cited in Weimer 1990, p.134）。

授業改善へのコミットメントを大学全体に浸透させるためには幅広い取り組みが必要である。

大学職員が授業を支援する環境作り（Cochran 1989）に真摯に取り組む際に，実施可能な全体プログラムには以下の事項が含まれると考えられる。

- 教員採用の方針と施行
  1. 採用手続きの必須項目として，教員候補者の教育力およびその潜在能力を評価する。
  2. 学生が定期的に授業を評価する仕組みを構築する。
  3. 教員の昇進と終身在職権付与に関する重要な要素として同僚による授業観察を義務化する。
  4. 「研究と出版物だけを評価する単一のアプローチは脇に置き，教員の知的バイタリティを立証する代替手段を開発する」（Cochran 1989, p.58）。ここで何名かの読者は「教育指導力は研究の生産性と

関連していないのか」という疑問をきっと持つであろう。この質問を詳細に分析することは本書の範囲を大きく超えるが，多くの実証研究が行われ，両者は基本的に無関係であるとの結果が出ている（Centra 1983; Feldman 1987）。

- 授業改善活動
    1. 授業の質を高めるための系統的なユニットやプログラムを作成する。
    2. 教員，ティーチング・アシスタント，非常勤人材の教育力を高めるためのワークショップを継続的に実施する。
    3. 革新的なカリキュラム改編や様々な代替的教育方略を支援するための資金を蓄える。
- 戦略的な運営管理上の活動
    1. 良好な授業環境を提供するための物理的施設を整備する。
    2. 授業の質を向上させるような研究を促進する。
    3. 組織的に教育効果に関するデータを収集し，授業改善の手段として活用する。
    4. 大学内に授業改善のための委員会を設置し，適切な取り組みへ資金を配分する。
    5. 刺激的で斬新な授業実践を取り上げたニュースの発信，ポジションペーパーの発行，公開発表を通じて，効果的な指導の重要性を一貫して強調する。

　上記のプログラムに関する不可避な心配は費用の問題である。教育・学習センターの設置や施設整備などのいくつかの事項は多額のコストがかかる可能性があるが，実際にはリストアップされた活動の大半は最小限の財源で達成可能である。斬新な授業を行うために必要な物品を購入しようとする教員に200ドルを給付することは，教員に対する組織的支援の姿勢を示す観点からも大きな効果を生むであろう。革新的な指導を支える環境を整えるために真に重要な

ことは，卓越した授業実践を促進し，顕彰し，公表する運営管理上の仕組みを作ることである。

教育研究者の役割

　研究者たちは「大学教育に関する研究は分野全体として未開発である」(Green and Stark 1986, p.19) ことに賛同するであろう。まさに，この一般論はアクティブラーニングにも当てはまり，限られたことしか明らかにされていない。一例を挙げると，高等教育の専門誌に掲載されたアクティブラーニングに関する論文の大半は理論的枠組みか科学的根拠のどちらかを欠いている。すなわちそれは「人間が知っている他のどんな手順よりも科学的な方法であり，知的変革，すなわち即興，直感，独断ではなく体系的知識に基づいた変革の基礎を成す方法である」(Sanford 1965, p.v)。残念なことにこの記述が発表されてから 25 年以上経つが，現在の研究はこの最も根本的な基準を満たすことができていない。筆者らが検索した論文のほとんどは実証研究というよりはむしろ記述的なものである。手引きとなる論文は新しい洞察やアイデアを教員に提供するという点でしばしば有益であるが，将来の実践に向けて科学的根拠を提示するためには，より厳密な研究が多くなされる必要がある。

　現行の研究に対する期待はいや増して高い。多くの研究は年代的にも方法論的にも古く，例えば講義に関する研究の最も大がかりなレビューと分析はおそらく 1960 年代に実施されたものである (Verner and Dickinson 1967)。ノートの取り方についての数例の研究を除けば，その時から講義方法に関する研究はほとんど行われていない (McKeachie et al. 1986)。講義は他の多くの教授法を評価するうえでの基礎を成すことから，双方の相対的効果を比較した研究は数多くある。しかし，その多くも今や時代遅れのものである。講義とディスカッションの効果を分析した頻繁に引用される数値データ (McKeachie et al. 1986) は，1928 年から 1964 年にかけて出版された研究である。20〜30 年前の大学生と今の大学生とでは大きな違いがあることから，少なくともこれらの研究は

再度実施されるべきである。あらゆる全国レポートが指摘しているように大学1年生の入学時の学習スキルは一貫して低下しており，その30～40％は計算と読み書きの基本的な能力を欠いている。これらの相違だけでも教授法に対する学生の学びに大きな影響を及ぼす。

　学生だけでなく，教授法の効果を評価する研究手法も変化した。1980年代後半にとても有効に活用されたメタ分析の手法は1976年まで提唱されることはなかった（Cohen, Ebeling, and Kulik 1981）。この手法はいくつかの研究結果を統計的に統合する緻密なアプローチを基本的に用いる。研究者は明確に定義された再現可能な基準を用いてある事項に当てはまる研究を検索し，量的技法を使って一連の研究の特徴と成果を記述し，結果を要約するとともにそれらの関係が暗示するものを考察する。このアプローチは個々の研究結果と異なる，おそらくより正確な結果につながりうる。例えば教室での質問の仕方に関する18の研究を扱った1979年の分析では，「教員が高次思考を促す質問を多用しようが，事実に関する質問を多用しようが，学生の成績にほとんど差異は生じない」（Philip Winne, cited in Pollio 1989, p.15）との結論が導き出された。しかしながら，それと同じデータの多くを使って1981年に行われたメタ分析では，高次思考を促す質問をより多くしたほうが学生の成績向上につながったとの結論が導き出された。

　過去の研究をレビューすると同時に，他の重要な概念的事項についても問題を提起する必要がある。なぜ学生の成績を評価することがもともと規定されているのか，仮にそれだけではないにせよ，なぜ教室での試験の出来に基づくのか。この問題は特に重要である。その理由は教室で行われる多くの試験は事実情報の暗記を重視しており，高次思考を促す質問や問題解決，ライティング，コミュニケーションといったスキルの評価をしていないからである。同様に，なぜ講義という方法が教え方の標準と考えられているのかについても問う必要がある。講義型授業がアクティブラーニング型授業と比較され，各グループの平均値が統計的に分析されるとき，学力や学習スタイルの選好といった学生の重要な特質が持つ非常に大きな影響は見過ごされている。

これらの問題を含め，高等教育の研究にはより広範な研究課題を設定する必要性があることは明らかであろう。

- 講義のアレンジに関して，より一層研究を進めるべきである。

  講義は最も広く用いられている教授法であるがゆえに，教え方を大胆に変えたくない教員に相応しいアクティブラーニングの実現のためにも，リスクの低い役立ちそうなアレンジを探求することをめざした広範な研究が進められるべきである。前述のとおり，教員が講義中に2分間の静寂を3回挿入することによって（それはわずかな努力を要する変更であるが），学生の学びは著しく増進する（Ruhl, Hughes, and Schloss 1987）。講義を改善する方策をより細かく精査すべきであり，さらなる実証研究が求められる。

- アクティブラーニングを含め，講義に代わる教授法についてより一層研究を進めるべきである。

  本書ではこれまでの研究文献の中に多数の著しくまた時に驚くべき差異を見つけて論じてきた。ディスカッション，質問，授業中のライティング，ガイデッド・デザイン，ケーススタディ，演劇，ディベート，ロールプレイ，ゲームとシミュレーションなどの領域においてもより厳密な研究がなされるべきである。これらの技法のいくつかは国内の大規模なプログラムでも実施されてきたが，その採否の決め手となる定量的な証拠が不足している。

- より多くの変数を扱うべきである。

  今後，研究者は学生の学力レベルと学習スタイルへの選好を独立変数として研究をデザインすべきである。場の状況に左右されやすい学生は左右されにくい学生に比べて，コンピュータを使った指導から非常に大きな便益を得ることが明らかになっているが（MacGregor, Shapiro, and Niemiec 1988），このことは将来の研究と教育実践に大きな示唆を与えている。本書では多様な教育技法を教室内で駆使すべきであるという提

言を度々引き合いに出している。それはすべての学生の学習スタイルに応えることを望んでいるからであるが，その提言の内容は実験に基づいて検証されるべきである。

　同じように，異なる教授法の長期のインパクトを継続して評価する必要がある。多くの研究はある特定の1学期間における学生の試験の結果を調べたものである。教室内での学生の学びに関する今後の研究は，より長期の教育的インパクト，すなわち授業終了後1カ月，半年，さらには1年を経たものを評価するようにすべきである。この種の研究は実施上難しいかもしれないが，教員と教授法が学生に与える影響について最も有力な情報を提供するにちがいない。

- 教育研究においてより大きな役割を担うべきである。

　　　教育と学習を向上させる可能性が最も高い研究は，自分の授業で直面した問題や課題について問いを立て，教員自身の手によって行われる研究である（Cross and Angelo 1988, p.2）。

　しかしながら，ここで忠告を付したい。アクティブラーニングを促進する方略の使い手は，おそらく高尚な教育研究者というよりはむしろ教室で授業にひたむきに取り組んでいる教員であり，それゆえに彼らは支援を必要とする。既述のとおり，本書に掲載された出版物の多くは比較的単純な調査研究手法を用いている。筆者らは将来そうした教員が研究デザインや統計分析により精通した人々と共同で調査を進めることを希望する。実務的には，教員の能力や関心事項について大学全体を見渡せる広い視野を持った事務職員やFD担当者がこのマッチング業務を強化することができると考えられる。

- 研究結果を広く社会に公表すべきである。

　最後に，アクティブラーニングの授業に向けた重要な示唆は従来の学問領域を超えることを指摘したい。研究者は *College Teaching*, *The Journal of Higher Education*, *Research in Higher Education* など多くの専門分野にわたる読者層を持つ学術誌や，*The Teaching of Psychology*

のような特定の専門分野の学術誌に成果を発表すべきである。

　しかしながら，教育研究の結果を単に出版するだけでは十分ではない。「高等教育界において高等教育に関する研究に注意を払う者はほとんどいない」（Keller 1985, p.7）という主張について異議を唱える者は少ない。遺憾なことにビジネス，医学，法律，歯学，公衆衛生などの他の専門職と比べて，教育は専門的研究による発見の影響が最も少ない（Bolster 1983）。しかしながら，評価に関する説明責任と法的負託に対する社会的要求の高まりを踏まえるならば，これらの懸念事項に学術研究者は対処せざるをえない。

人間は変化に抵抗するのが常であり，それを変革することは容易ではない。200年以上も前にベンジャミン・フランクリンは次のように述べている。

　国家の悪しき慣習を変え，より良い新しいものを導入するためには，まず人々の先入観を取り除き，彼らの無知を啓蒙し，新たな変革が彼らの利益を増やすことを納得させることが必要である。これは1日で成し遂げられることではない（cited in Rogers 1983, p.1）。

それは1年でも成し遂げられないであろう。しかし，アクティブラーニングを理解し教室で実践するために，もし教員，FD担当者，事務職員，教育研究者が一致団結してぶれずに努力を継続すれば，教育革命は次の10年で起こるであろう。

補章

日本語版に寄せて

　本書の冒頭のエグゼクティブサマリーを再読し，そのメッセージが本書の出版年である1991年と同じく今日にも十分に当てはまることを改めて実感した。四半世紀の経験が，アクティブラーニングの考え方の根幹をなす基礎的研究が現在でも有効であるとの確信を私に抱かせたのである。アクティブラーニングに関心を持つ日本の仲間と筆者らの知見を共有する機会を得ることができて本当に光栄である。

　本書が出版されるに至った背景の説明がおそらく必要であろう。エイソン教授と私は優れた講師であり，教材の活用と講義の巧みさから学生および同僚の双方から高い評価を得ていた。しかしながら，我々がどれだけうまく知識を伝達できたかということと，学生が思考力を活用するように作成された筆記試験でどれだけ良い結果を残せたかということの間には，否定できない断絶があることを我々は数年かけて理解し始めていた。例えば私の場合，どんなにわかりやすく題材を説明しても，「アメリカ独立戦争とベトナム戦争へのアメリカの関与を比較対照しなさい」といった標準的な歴史の質問に対し，学生は考えて回答することが痛ましいほどできなかった。私は主に歴史上の事実と考え方を授業で解説する一方で，試験では学生がどれだけ分析力を発揮するかを見ようとしているのに，分析の仕方については全く教えていないことにようやく気がつき始めていた。そして，ついに私は学生のお粗末な状態は実は自分の落ち度であることに思い至り愕然とした。しかし一体どうすればよいのか。研究文献を詳細に調べた結果，学生に批判的に考えさせ，問題解決者へと育てようとす

るならば，私は教え方を変え，自分が学生に期待する能力やスキルを伸ばすことに主眼を置いたアクティブラーニングを実践する必要があると確信した。原著 *Active Learning: Creating Excitement in the Classroom*（1991）はその考え方と教え方の転換の産物である。

　1991年版では，アクティブラーニングの重要性について論じ，成功を最大化させるために留意すべきリスクを整理するととともに，講義に取り入れることができる様々な技法を紹介した。約30年にわたる経験と何千人もの教員との交流を通じて，私は今でもこのアプローチは根本的に正しいと信じている。本書で提案しているように，初めてアクティブラーニングを実施しようと考えている人たちは，講義と活動を交互に織り交ぜながら，短時間でリスクの低い活動を従来の授業に組み込んでいくことが望ましい。Ruhl et. al（1987）が示したように，授業中に講義を3回中断し，学生が互いのノートを比較する2分間のブレイクを挿入するだけでも彼らの学びは十分に増進する。[*1]

　この重要な研究成果は教室内でアクティブラーニングを実施しようとする我々のアプローチ全体を根底から支えるものであるが，講義を行う教員にとっては感情的に受け入れ難いものである。この研究ではさらに「もし我々が1時間の講義で話す時間を今よりも6分短くすれば，学生たちはもっと学ぶだろう」と記述されている。痛みを伴うかもしれないが，我々は講義を何回かに区切ることによって，自らの目標をさらなる高みへと導くアクティブラーニングの環境を創り出す機会を得られることをその研究は示唆している。

　しかしながら，もし我々が本書を2017年に書き直すことができるならば，さらに言及したい点がある。すなわち1991年に論述したことに加え，この四半世紀に発生しアクティブラーニングに影響を与えた高等教育の主要な動向についても取り上げるだろう。それは

　1. クリティカルシンキングと問題解決について教えること

[*1] Ruhl, Kathy L., Charles A. Hughs, and Patrick J. Schloss. Winter 1987. "Using the Pause Procedure to Enhance Lecture Recall." *Teacher Education and Special Education* 10: 14–18.

2. 教室でのアセスメント
3. 学生の学習スタイルを把握することの重要性
4. これらの目標を達成するためのテクノロジーの活用

の4点である。

クリティカルシンキング

　米国の高等教育における過去30年間の主要テーマの1つは，棒暗記から学生の思考力育成へとシフトした。その運動は理論には長い時間をかけたものの，教室内で教える我々に役立つ助言には短い時間しかかけなかった。我々が歴史の授業でクリティカルシンキングを教える具体的方法を見つけようとしても，ごくわずかな情報しか入手できない。

　例えば，クリティカルシンキングに関する既存の定義はほとんど役に立たなかった。少なくとも私が歴史の授業で成し遂げたかったものには適さなかった。さらに，クリティカルシンキングの概念そのものが我々の不正確な用語の使用によって曖昧になっている。この数年間でクリティカルシンキングという用語は「コーラ」のような一般名称になってしまった。もしあなたが友人の家でコーラを頼んだら，その友人はコカ・コーラか他のソフトドリンクを差し出すだろう。まさにクリティカルシンキングという用語の不正確な使用が，我々の多くが教室で成し遂げたいものを見えにくくし，また複雑にしている。実のところ，クリティカルシンキングという用語は哲学者がその専門分野で使うものであり，一般に「議論の評価」という意味を持つ。我々が学生に「批判的に考える」ことを望むとき，たいていはその授業の課題を学生がうまくやり遂げるように思考力を発揮することを期待する。残念ながら私は歴史という学問においてクリティカルシンキングが具体的にどのようなものであるか全く見当がつかなかった。

　私はようやくこの難問に取り組み始めた。あるシカゴで開催された教育分野

の学会で，講演者が聴衆に問いかけた。「みなさんが自分の専門分野で無意識のうちに当然視し，行動しているものは何ですか。みなさんの専門分野における基本的な前提は何ですか」と。私はその質問に思いを巡らせ，そして歴史家が知らず知らずのうちにとる思考パターンに思い至った。具体的には，歴史上の出来事に向き合ったとき，自分がそれを即座に「政治」「経済」「社会／文化」に関わる原因や結果にカテゴリー化することに気がついた。しかし，それが歴史家がたどる思考プロセスだと私に明確に教えてくれた人はそれまで誰もいなかった。その後数年間，私はワークショップで多くの歴史学者に対して，彼らが「批判的に考える」スキルを教わったかどうかを尋ねたが，その答えはほぼいつも「ノー」であった。では我々は一体どのようにして歴史上の情報をカテゴリー化する方法を学んだのであろうか。おそらく徐々にであろう。どの標準的な歴史の教科書を使っても，教員は通常「ベトナム戦争の政治的，経済的，社会的な影響は…であった」と教えるであろう。私が履修したすべての歴史の授業ではこのアプローチが何度も繰り返し用いられてきた。あらゆる学問にはこうした暗黙のルールがあり，それは初学者に開示されるべきであり，そうすることによって彼らは専門家と同じように思考を始めることができる。すなわち，中心的問題や事項を明確にし，様々なパターンを認識し，情報源の信頼性を見極め，結論を下すことができるようになる。もし我々がクリティカルシンキングを教えるアクティブラーニングの方略を開発するのであれば，まず我々は当該学問分野において活用すべき思考スキルを特定しなければならない。しかし，どのようにしたらいいだろうか。

　さらに思索を重ねた結果，我々が課すレポートや試験は我々が専門分野で使う思考スキルを最も的確に示す指標であると私は確信した（注：事実を問う多肢選択式の試験はクリティカルシンキングをほとんど必要とせず，暗記は高次思考ではない）。私は小論文の試験ではほぼいつも次のような問題を出した。「アメリカ独立戦争とアメリカ南北戦争の原因（あるいは結果）を比較対照せよ」。この質問に答えるために必要な一連の思考スキルを分解した結果

1. 比較対照の意味を理解し思考スキルを活用する
2. 原因と結果を突き止める
3. 出来事の順序を理解する（もしBがAの後に起これば，BはAの原因とはならない）

ことを学生ができなければならないということが明らかになった。さらに，原因と結果の識別と順序に関する知識は具体的な事実情報に基づいており，その情報を学生が有していなければ思考スキルを働かせることができないこともわかった。そして私はこれらすべてのスキルを学生がどのように使うかを一度も明示的に教えたことがないことに思い至った。私は学生にレポートを提出させ試験を受けさせたが，学習課題にどのように取り組むかを教えたことはなかった。それでいて他の多くの教員と同じように，単刀直入な質問について学生が批判的に考えることができないことに私は失望していた。それからというもの，私は学生に一連の思考スキルを明示的に教えるためのアクティブラーニングの実践手法を設計し開発した。*2

　クリティカルシンキング，課題分析，問題解決を教える授業では，学生は教員の指導を受けながらそのスキルを使う多様な機会に接する必要があり，結果的により多くの授業時間が必要となる。しかし本当にその価値はあるだろうか。その場合，我々の教育上の目標がその実践によって達成できるかどうかを確認することが有益である。自分の授業を思うとき，あなたは学生にどんな知識，スキル，態度（態度とは学問に対する関心，専攻者としての意識，より学ぼうとする意欲など）を伸ばしてほしいと望んでいるだろうか。授業時間の使い方を検討するとき，あなたの目標と実践の間にギャップはないだろうか。何年もの間，私は自分の第1の目標は学生に考えさせる（すなわちスキルを身につけさせる）ことだと述べてきたが，実際には考えるスキルを明示的に教える

---

*2 このプロセスの詳細説明に関しては次の文献を参照されたい。Bonwell, Charles C. 2012. "A Disciplinary Approach to Teaching Critical Thinking." *National Teaching and Learning Forum* 21, No.2, 1–7.

ことはせず，講義を通じた情報（すなわち知識）の伝達に大半の時間を費やしてきた。申し訳ないことに，私は学生に態度を植えつけることをほとんどしてこなかったのである。

　専門性に即した思考スキルの育成に向けて具体的な教授法を選ぶには，学生が卒業後3〜5年を経てそのスキルを実際に使う場面を思い描くことが肝要である。そして，いくつかの中から1つの場面を選び，その細部を詰めることである。課題や問題は何か。どういう文脈か。その場面であなたなら専門家としてどのように思考スキルを駆使するか。学生がスキルを磨き，将来遭遇するかもしれない問題に対処する際に役立つよう考慮したうえで，教室での双方向のやりとりを促進する簡素化した演習を考案すべきである。くれぐれも初心者レベルからスタートすべきである。前述の「比較対照」の演習を行い，用語を定義し，十分な知識基盤を整え（この場合，短い事例の記述が非常に良く機能する），必要に応じて図形描画作成ツールを提供することが有用である。セメスターを通じて徐々に問題の複雑性を高めていくことによって，考えるスキルとはどういうものかを学生に理解させることが可能である。

教室でのアセスメント

　我々が授業でクリティカルシンキングを教えていたと仮定しよう。教えた内容を学生が熱心に学んだということを我々はどうやって知ることができるだろうか。学習を査定する唯一の方法として数年間，私は成績評価と結びついた数回の小テストと3回の大きな試験を実施してきた。私はほぼ毎回その結果に落胆し，そして必然的に昔ながらのやり方で学生のせいにした。彼らにはやる気がない，彼らは十分に勉強しなかった，彼らはそもそも大学生になるべきではなかった，と。1990年代の半ばに私は，これらの型通りで成績評価に直結した小テストや試験が総括的評価と呼ばれ，学力を正式に判定するものとして使われていることを知った。それとは別に米国で幅広く使われているアプローチがある。形成的評価と呼ばれ，アクティブラーニングの技法にも適したものであ

る。形成的評価は日々の学習者の学びをその途中で査定し，フィードバックを得るためのものである。成績評価と関係ない課題，小テスト，ディスカッションなどであり，これらを通じて教員と学生の双方が個別の教育目標に向かって進捗をモニタリングすることができる。

　形成的評価について初めて知ったとき，私は複雑な気持ちがした。なぜなら私は自分の人生において成績評価のためのテストやレポートしか経験したことがなかったからである。自分が教員になってからも成績評価と無関係の課題を学生に与えることなど考えもしなかった。しかし振り返ってみると，アクティブラーニングに形成的評価を持ち込んだことは私の教授法にとって最も大きな変化であった。それまでは，私が講義した内容を学生が理解したかどうかはわからなかったし，彼らの期末試験の出来が悪くても，時すでに遅しで，その結果をどうすることもできなかったのである。

　Angelo and Cross[*3]が開発した教室でのアセスメント手法（Classroom Assessment Techniques：CAT）は，形成的評価の定評ある資料として多くの国で活用されている。同資料は大学授業で導入可能な 50 の手法を紹介している。CAT は一般にシンプルで，成績評価と無関係に教室内で行われるものである。そして，それはまさに教え，学ぶという行為の最中に教員と学生の双方に有益なフィードバックを与える。リスクの低い短時間のアクティブラーニングの活動としては，以下の事例が含まれる。

- 予備知識チェック（The Background Knowledge Probe）
　これはコースの開始時や新しい単元やテーマに入る前に学生に回答してもらう簡単で短いアンケート調査である。教員が重要なトピックに関する学生の予備知識を知るために行う。どれだけ学びが増進したかをチェックするための事前・事後テストの形で利用することも可能である。

[*3] Angelo, Thomas A. and K. Patricia Cross, 1993. *Classroom Assessment Techniques: A Handbook for College Teachers*, 2nd edition. San Francisco: Jossey-Bass.

- ミニットペーパー（The Minute Paper）

　授業終了直前の数分間で，学生に「今日学んだことの中で最も重要な点は何か」を紙1枚の半分程度書かせるものである。特定の授業テーマについて学生の理解度を知ることを目的とする（所要時間は通例3～5分）。

- 最も不明瞭な点（The Muddiest Point）

　この技法は最もシンプルなCATの1つであり，学生がどこでつまずいているかを知るために行う。「（講義，ディスカッション，レポート課題，映画などで）どの点が最も不明瞭だったか」という1つの質問に対する答えを学生に素早く書かせるだけである。

- アプリケーションカード

　重要な理論，原理，手順などを教えた後，学生に学んだことを実社会で応用する場面を1つ以上想定させて書かせる。これによって教員は学生がどれだけ学んだことを生かせるかを知ることができる。

　学生の学びをモニタリングするうえで，成績評価に結びつかない非公式なアセスメントの重要性はどんなに強調してもしすぎることはない。なぜなら，それによって重要な概念を学生が学んだかどうかを直ちに知ることができ，彼らの理解度を測るための正式な試験の実施を待つ必要がないからである。さらに教室でのアセスメントは，学習とは探究と省察の継続的なプロセスであり，それよって自らの学びをより適切に管理できるようになることを学生に理解させる一助となる。

学習スタイル

　我々がこの本を書いた後に米国で生じた大きな動向に，学習スタイルの重要性に対する認識の変化が挙げられる。1991年には，教室内で用いる教授法と各学生が好む多様な学習スタイルとの関係について気に留める教員はほとんど

いなかった。その後，研究が進み，多くの教員が情報を寄せ，多様な学習スタイルに応えるアプローチを開発することを望むようになった。しかし既存の学習スタイルを分類した一覧表は非常に複雑かつ難解であり，その知見を実際の授業に適用することはほとんど不可能であった。その中にあって VARK と呼ばれるものは例外である（http://www.vark-learn.com）。

ニュージーランドのネイル・フレミングが開発した VARK は，学習スタイル，すなわち知識の授受に対する学生の好みを知るための短い質問票であり，次の 4 つの様式から成る。Visual（図表，地図，フローチャートなどで示される視覚情報），Aural（音声情報），Read/Write（教科書，プリント，箇条書きなどの文字情報），そして Kinesthetic（身体活動，演習，ケーススタディなど，教室に何らかの現実を取り入れることによって学び得る情報）である。また知識を受け取るだけでなく，VARK のいずれかの様式を通じて知識を発信することを好む学生もいる。簡単な例を改めて挙げると，V は図表を描くこと，A は他者と話すこと，R は小論文を書くこと，K はモデルを組み立てることを示している。多くの質問票と異なり，VARK は選択を強要するものではない。ある特定の質問に対してどの回答を選んでもよく，またすべての回答を選んでもよい。その結果はまさに回答者の学習スタイルに対する多様な好みを示し，それは彼らが 1 つの決まった方法ではなく複数の方法で知識を得たいと願っていることを示している。

VARK の利点は，その様式がわかりやすく，教員と学生の双方が手軽に活用できることである。VARK の活用は私に一大転換をもたらした。多くの歴史学の教員と同じく，私は読み書きを通じて学ぶことが好きであり，次いで耳から学ぶことが好きである。そのようにして学んだことが私の教え方に多大な影響を与えた。私は音声を通じて知識を学生に提供し，彼らに様々な教材を読ませては書かせた。私が実践した最初のアクティブラーニングはディスカッションと小論文の執筆だけだったかもしれない。しかし，自分とは異なる学び方を好む人たちがいることを知った後は，どのアクティブラーニングの技法を用いるかを決めるために VARK を使い始めた。

例えば 1852 年から 1855 年にかけてのペリー提督の日本来航についての授業を私が計画しているとしよう。私は VARK を使い，学生の理解度を知るために教室内で行ういくつかの活動を 1 週間かけて立案するかもしれない。

- V 志向の学生に対して

    「1852 年から 1855 年までに起きた重要な出来事の年表を作った後に，ペリー提督の日本への来航の要因と結果を表す概念図を作りなさい」（成果物は様々な方法で共有することが可能である）

- A 志向の学生に対して

    「もし日本が鎖国を続けていたとしたら日本人はもっと豊かな生活を送っていたであろうか。この問いに係る賛否をブレインストーミングしなさい」（ディスカッションの後にクラス全体で結果を共有することも可能である）

- R 志向の学生に対して

    「ペリー来航の結果，なぜ徳川幕府が滅んだのかについて 1 段落で書きなさい。2 人 1 組になって相互に交換し，相手の論拠について批評しなさい」

- K 志向の学生に対して

    「3 人 1 組のグループで次の事項を検討しなさい。あなたたちは江戸幕府の老中です。老中首座の阿部正弘から，アメリカからの外交条約締結の要求を受け入れることによって政治面・経済面・社会面でどのような影響が生じるかを説明するよう指示されました。30 分間でこれら 3 つの各側面についての見解を組み立ててください。その後，クラス全体から 1 つのグループを選んで，阿部（その役は教員が務めます）に向かって説明してもらいます。メンバーは 1 人ずつ 1 つの側面について結論を発表できるよう準備してください」

意思疎通のあり方に対する学生の好みを知ることによって，私は少なくともある程度の時間を彼らの学習スタイルに合うように授業を組み立てるように

なった。このことは4つの様式すべてを1つの授業で同時に活用することを意味するのではない。その代わり，数回の授業にわたってVARKのいずれかの様式（V，A，RおよびKあるいはこれらの組み合わせ）を巧みに使っていくのである。学習内容の内化および外化の方法に対して様々な選好を有する学生たちに行き届くような授業を行うには彼らの多様性を認めることが肝要である。すべての学生を満足させる唯一の教え方など存在しない。この原理は評価にも当てはまる。できれば教員はなるべく多くの評価方法を心得ておくべきであり，それにより多肢選択式試験，小論文や他の1つの方法だけを使って一部の学生を不利な立場に置くようなことは避けられるだろう。

　VARKは診断のための道具というよりはむしろ省察を促すものとしてデザインされている。したがってVARKは学生が自らの学習の好みを知り，それを学習習慣を高めるために活用することも支援する。VARKのウエブサイトでは，各学生の選好に基づいて授業で得た情報を意味のある知識に転換することを助け，効果的に学ぶとともに試験への準備ができるよう学生にアドバイスを提供している。様式別の具体的な学習方略としては次のようなものが挙げられる。

- V志向の学生に対して
  異なる色を用いて情報に下線を引く。絵を書く。記号を使う。フローチャートやグラフを描く。教科書の中で図形や絵が掲載されている部分を探す。概念を表すためにどのようなものでもかまわないので画像を使う。
- A志向の学生に対して
  授業とチュートリアルに出席する。他の学生および教員と様々なトピックについて議論する。ノートを要約し，音読し，録音し，聞く。あなたが特定のトピックについてどれだけ理解しているかを聞いてもらう。ノートに書いた内容を他の人に説明する。静かな場所で重要なテーマや概念について思い出す。

- R 志向の学生に対して

  教科書，配布資料，課題図書，手引書を辞書と用語集を使って丁寧に読む。一字一句ノートを取る。授業中に取ったノートの要約を書く。学習した内容をさらに探究し，現実の場面で応用するために質問を付記する。提示された図表やチャートに含まれる重要な概念を言葉で書き表す。

- K 志向の学生に対して

  すべての感覚（視覚，聴覚，嗅覚，味覚，触覚）を駆使し，実験，校外学習，実地体験，展覧会，標本，写真などを通じて，教室で学んだことと現実を結びつける。重要な原理を具体化した実例をたくさん見つけたり作ったりして，そのことをノートにまとめる。

VARK を数年間活用した私自身の経験によれば，これらのアドバイスを自分の学習習慣にきちんと応用した学生は著しく学業成績を向上させた。このことは驚くに値しない。なぜなら，自らの学びについて考える，すなわちメタ認知しようとする学生は一貫して学業成績を伸ばすことが多くの研究で確認されているからである。特筆すべきことに VARK は無料であり，その用途は広がっている。

テクノロジー

今日の教育は，アクティブラーニングの実践を強く後押しする技術革新とともに歩みを進めている。1991 年に初めて本書を出版したとき，コンピュータを使う授業はキャンパス内の大型汎用コンピュータに接続したワークステーションの活用を原則としており，学生は基本操作演習，ワードプロセッシング，データマネジメント，プログラミング技術の習得に精を出していた。こうした大規模で高価なシステムの利用は限られた学生にしか許されていなかったのである。

パーソナルコンピュータ，そして今やタブレット端末の出現によって，教室環境は我々が 1991 年時点では想像することもできなかったほど様変わりしている。オンライン授業は従来型の大学建物に伴う地理的，時間的な制約を解消した。学生はいつでもどこでもサイバー空間の諸機能を使って他の学生とやりとりできるようになった。さらに，学生の様々な学習傾向に応じた授業を行ったり，学生の思考力を高めるために問題解決型やプロジェクト型の演習を実施したりすることも可能になった。また学生もツイッターやフェイスブックなどのソーシャルメディアを独自に活用し，仲間とテレビ会議や共同作業をすることができるようになった。

　同様に学生がノートパソコンやタブレット端末を持ち込めるような教室では，教員は教育目標達成のためにインターネットを使い，様々な協働的な学びを組み立てることができる。以下に数例を列記する。

1. Google Earth は，歴史上の出来事を理解するうえで役立つ地形学的情報を提供してくれる。2 人 1 組になって「日本の主要都市の所在地を決定した地理的に共通する特徴は何か」という問いに答えなさい。
2. ダウンロードした動画，画像，文書はグループ活動を行うための題材となりうる。3 人 1 組になって「富士山は世界で最も有名な山の 1 つとされているが，どのような点が日本を象徴的に示していると考えられるか」というテーマについてブレインストーミングしなさい。
3. タブレットを持つ学生に対して「今日の授業で取り上げた方法を使って，ペリー来航が日米関係にもたらした影響について短い文章を書きなさい。文書共有プログラムを使って他の学生の文章を読み，あなたが気に入った点と改善すべきと思われる点を書きなさい」という指示を与えることができる。このように授業中に課題を出すときは，学生の作業の進捗状況を確認できるソフトウエアが役に立つ。これによりアカウンタビリティが向上するとともに，学生を作業に集中して取り組ませることが可能になる。

4. 米国のいくつかの大学による SCALE-UP という共同プロジェクトは，主に理工系の大規模授業において学生を小グループに分け，興味深い課題や現実の問題にグループで協力して取り組ませる体験型活動を生み出した。この取り組みは各授業で適宜修正され，学生に科学的な手順の基礎とともに効果的なグループ作業の進め方を学ばせている。そこでは例えば，「テーブルの上で教科書を動かしたときに生じる摩擦係数を調べなさい。その結果をクラス全体で共有する準備をしなさい」という指示が出される。（詳細は http://scaleup.ncsu.edu を参照）
5. おそらく最も大事なことは，これらの機器を使って教員が学生の学びを把握できることである。例えば，その場で結果を得ることによって前述の CAT を授業中に行うことが可能となる。その情報に基づいて教員は直ちに学生の誤った理解を正すことができる。さらに最近では形成的評価を行うための，成績に結びつかない小テストの正答率を示すソフトウエアまで手に入るようになった。これにより単に正解を学生に伝えるのではなく，なぜ彼らが特定の回答を選ぶに至ったかについて指導的見地から議論することが可能になっている。

ところでテクノロジーは教育課題への万能薬だろうか。答えはノーである。学生の認識を扱ったある研究によれば，テクノロジーは学生の出席率，ノートを取る分量，学習時間に影響を与えないことが明らかになっている。その一方で効果的に活用すれば，テクノロジーは学生の授業への準備，集中力，参加度，取るノートの質，そして学び全般に対して肯定的な影響を与えるようである。[4] しかし教員と学生の双方が上手にテクノロジーを活用できるよう訓練されていなければ，こうした結果を得ることはできない。しかもテクノロジーはすべて同様ではない。授業を充実させようと口頭中心の講義からパワーポイントの活用にシフトしただけでは学生を意味ある学びへと誘うことはできない。

---

[4] Lavin, Angeline, Leon Korte, & Thomas Davies. 2011. "The impact of classroom technology on student behavior." *Journal of Technology Research* 2: 1–13.

それは単に知識の提供の仕方を変えただけに過ぎない。教員が学生の学びを深め，彼らにタイミングよくフィードバックを与える教室においてこそ，テクノロジーは最も効果的に活用されうるのである。

結論

　本書で求めた変革は困難だがやりがいのあるものである。大学教員はその道の専門家である。ゆえに我々は論文執筆と研究発表を行い，自らの専門領域において確たる実践者であることを仲間に示す必要があった。その道のプロフェッショナルであるという自負が極めて自然に教室での教え方に投影され，我々は広範な知識を学生と共有することを望んだ。しかしながら，もしアクティブラーニングを導入しようとするならば，教員はまず自らの役割に対する認識を改める必要がある。すなわち情報の伝達者から学生同士の活発で思慮深いやりとりを促進するファシリテーターへと変わることが求められる。そのためには，我々は何よりもまず自身を縛りつけている専門領域の桎梏から自らを解放しなければならない。

　30年にわたり教員向けワークショップを数カ国で開催したが，私が最も多く聞いた不満は「アクティブラーニングについてあなたが研究で何を語っているかはどうでもいいんです。そんなことより教えなければいけないことがとにかく沢山ありすぎるんです！」というものであった。確かにそのとおりである。スキルを身につけさせようとすれば，どうしても知識を授ける時間は不足する。我々が言いたいことや言わなければならないことをすべて言おうとすれば時間は常に足りなくなる。このジレンマに対する明確な回答は，教員の講義ノートを学生に渡してしまうことであるが，このことは教員の役割というものに対する我々の認識が改めて試されることを意味する。30年以上も前にKiewraは，学生が取るノートには深刻な不備があり，しかも書き間違いだらけであることを発見した（もしあなたがこれに疑いを抱くならば，学生のノートの正確性をチェックしてみるとよい）。何度かの実験を通じて彼と同僚は

1. 教員が完全なノートを学生に渡すほうが渡さないよりも学生の学びを増進させること
2. 空欄のある不完全なノートを渡すと，学生はその部分について考えるようになり，結果的に成績が向上すること

を明らかにした。したがって，もしあなたが学生の学びを増進したいのであれば，ノートを学生に渡すことである。[*5]

　熟達したファシリテーターになるには時間と努力を要する。初心者がアクティブラーニングで成功するためには時間をかけ万全を期して始めることである。本書の最終章では，リスクモデルに基づいて，様々な方略を講義に持ち込むための系統立った方法を紹介している。多くの教員はアクティブラーニングの考え方に興奮し，性急に教え方を変えようとし，そして失敗する。その理由として，不十分な準備，学生側の抵抗，未熟なファシリテーション技術が挙げられる。もし私がアクティブラーニングの初心者だったら，リスクの低い短時間の活動を1つか2つ講義に組み込む方法を選ぶだろう。授業中にThink-Pair-Share（1人で考え，ペアになり，共有する）という活動を2〜3回取り入れるだろう。Think-Pair-Share とは，学生に問いかけ，1分間各自で考えさせ，2人1組になって意見交換させ，最後にクラス全体で学びを共有するという技法である。

　このアプローチはいろいろとアレンジすることができる。短い講義の後，私は「今日学んだ重要な点は自分の生活にどう活かせますか。1人で考えたら，ペアになって相手と意見交換してください」と指示することができるだろう。また次の短い講義の後に，多肢選択式の小テストをスクリーンに映し出し，「どれが最も適切な回答だと思いますか」と尋ねることもできるだろう。そして再びペアになってお互いの回答を比べるよう指示し，次に正解を見つけるためクラス全体の話し合いにもっていくだろう。ここで重要なことは，ペアで話し

[*5] Kiewra, Kenneth A. 1985. "Providing the Instructor's Notes: An Effective Addition to Student Notetaking." *Educational Psychologist* 20, No.1, 33–39.

合った学生はクラス全員の前でも話しやすくなっているということである。そして最後にまとめの講義を行い，「今日のテーマに関してまだ明らかでない点は何か」という質問への回答を短く書いて提出するよう指示して授業を終了する。教員は時間をかけてアクティブラーニングについての自信を徐々につけながら，よりリスクの高い活動をレパートリーの中に加えていけばよい。

　熟達したファシリテーターは学生が喜んで授業に参加する雰囲気を作れなければならない。学生の多くは文化的背景やアクティブラーニングに不慣れであることから積極的な参加を望まないかもしれない。こうした状況では，まず学生に協同的な学びに取り組むための訓練を受けさせる必要がある。教員に自信をつけさせるため，我々はリスクの低い技法を使うことを推奨したが，同じことが学生にもあてはまる。私の経験では，学生は仲間に自分の愚かな部分を見せたくないという思いから人前で話すことをためらう。したがって学生に対してリスクの低い活動としては次のようなものが考えられる。

1. 回答に対して小グループで共同責任を持つ。それによって個人に恥ずかしい思いをさせないようにする。
2. 明確な指示に基づいて，成績評価と関連しない短いレポート課題を提出させ，それを教員だけが読む。
3. もしセッティングが可能であれば，コンピュータ機器を用いて，学生が人前で話さなくても済むよう匿名で回答できるような工夫をする。

　いずれにせよ基本原則は，まずリスクの低い活動を学生に経験させ，相互にやりとりすることに慣れるにしたがって，よりリスクの高い活動を取り入れていくことである。学生はアクティブラーニングの技法を用いた演習を頻繁に受けることによって，そのやり方に習熟し自信を深めていく。

　しかしながら慎重に着手するだけではアクティブラーニングは成功しない。授業の初日の教員の振る舞いがその学期全体の教室の雰囲気を形成する。学生同士が生き生きとやりとりすることを望むならば，彼らを支援する温かい環境を整える必要がある。例えば，シラバスでは学習目標達成のために協同学習の

重要性を強調する。教員自身も進んでリスクを負うことを表明し，アクティブラーニングの基盤となる雰囲気を作り出す。学生の参加を常に歓迎することを保証する。ある題材を説明する際に，それに関連した事柄を物語風に話したり，教員自身の経験に基づく個人的な事例を紹介したりすることによって，学生とのやりとりを人間味あふれるものにする。「～してください」ではなく「～しましょう」とすべての人を受け入れるような言葉を使う。そして最後におそらく最も重要なことは，学生1人1人の名前をなるべく速やかに覚えることである。これらすべての行動が学生の学びを深化させていく。

　最後に，我々はこの解説および本書で記したことがすべての人々の心に届くわけではないことは重々承知している。もしあなたが現在教室で行っている活動に満足し，学生もあなたの期待に応えているのであれば申し分ないことである。しかしながら，もしあなたが今の教え方に代わるものを少しでも求めているのであれば，おそらく本書は役立つであろう。あなたがどの道を歩むにせよ，あなたの成功を私は心から祈っている。

　2017年2月11日
　Charles C. Bowell, PhD.
　Springfield, Missouri, USA

参考文献

Adams, James L. 1974. *Conceptual Blockbusting*. Stanford, Cal.: Stanford Alumni Association.

Alibert, Daniel. June 1988. "Towards New Customs in the Classroom." *For the Learning of Mathematics* 8: 31–43.

Ambron, Joanna. February 1987. "Writing to Improve Learning in Biology." *Journal of College Science Teaching* 16: 263–66.

Andrews, John D.W. 1980. "The Verbal Structure of Teacher Questions: Its Impact on Class Discussion." *POD Quarterly* 2 (3&4):129–63.

Association of American Colleges. 1985. *Integrity in the College Curriculum: A Report to the Academic Community*. Project on Redefining the Meaning and Purpose of Baccalaureate Degrees. Washington, D.C.: Author. ED 251 059. 62 pp. MF-01; PC not available EDRS.

Association of American Colleges, Task Group on General Education. 1988. *A New Vitality in General Education*. Washington, D.C.: Author. ED 290 387. 64 pp. MF-01; PC not available EDRS.

Astin, Alexander W. 1985. *Achieving Educational Excellence*. San Francisco: Jossey-Bass.

Bailey, Raymond C., and Noel C. Eggleston. Fall 1987. "Active Learning and the Survey Class: Affirmative Action as a Role-Playing Scenario." *Teaching History* 12: 3–9.

Baldridge, J. Victor. March/April 1980. "Managerial Innovation: Rules for Successful Implementation." *Journal of Higher Education* 51: 117–34.

Bedient, Douglas, George S. Garoian, and Duwayne C. Englert. Summer 1984. "Self-Instructional Materials for Underprepared Science Students." *Improving College and University Teaching* 32: 128–34.

Belenky. M.B., B.M. Clinchy, N.R. Goldberger, and J.M. Tarule. 1986. *Women's Ways of Knowing*. New York: Basic Books.

Blackburn, Robert T., G. Pellino, A. Boberg, and C. O'Connell. 1980. "Are Instructional Improvement Programs Off-Target?" *1980 Current Issues in Higher Education* 1: 32–48.

Bligh, Donald A. 1972. *What's the Use of Lectures?* Baltimore: Penguin Books.

Bligh, Donald A., ed. 1986. *Teach Thinking by Discussion*. Guildford, Surrey, Great Britain: Society for Research into Higher Education and NFER-NELSON.

Bloom, B., M. Englehart, E. Furst, W. Hill, and D. Krathwohl, eds. 1956. *Taxonomy of Educational Objectives (Cognitive Domain)*. New York: David McKay Co.

Bolster, Arthur S., Jr. August 1983. "Toward a More Effective Model of Research on Teaching." *Harvard Educational Review* 53: 294–308.

Boyer, Ernest L. 1987. *The Undergraduate Experience in America*. New York: Harper & Row.

Brooks, Charles I. April 1985. "A Role-Playing Exercise for the History of Psychology Course."

Teaching of Psychology 12: 84–85.

Centra, John A. 1983. "Research Productivity and Teaching Effectiveness." *Research in Higher Education* 18(2): 379–89.

Chickering, Arthur W., and Zelda F. Gamson. March 1987. "Seven Principles for Good Practice." *AAHE Bulletin* 39: 3–7. ED 282 491. 6 pp. MF-01; PC-01.

Chism, Nancy, Christopher Jones, Barbara Macce, and Roxanne Mountford. 1989. *Teaching at The Ohio State University: A Handbook*. Columbus: Ohio State Univ., Center for Teaching Excellence.

Christensen, Roland C., and Abby J. Hansen. 1987. *Teaching and the Case Method*. Boston: Harvard Business School.

Clark, Burton R. 1987. *The Academic Life: Small Worlds, Different Worlds*. Princeton, N.J.: Carnegie Foundation for the Advancement of Teaching. ED 299 902. 376 pp. MF-01; PC not available EDRS.

Clark, Richard E. Winter 1983. "Reconsidering Research on Learning from Media." *Review of Educational Research* 53: 445–59.

Claxton, Charles S., and Patricia H. Murrell. 1987. *Learning Styles: Implications for Improving Educational Practices*. ASHE-ERIC Higher Education Report No. 4. Washington, D.C.: Association for the Study of Higher Education. ED 293 478. 116 pp. MF-01; PC-05.

Cloke, Paul. 1987. "Applied Rural Geography and Planning: A Simple Gaming Technique." *Journal of Geography in Higher Education* 11(1): 35–45.

Cochran, Leslie H. 1989. *Administrative Commitment to Teaching*. Cape Girardeau, Mo.: Step Up, Inc.

Cohen, Elizabeth G. 1986. *Designing Groupwork*. New York & London: Columbia Univ., Teachers College.

Cohen, Peter A., Barbara J. Ebeling, and James A. Kulik. 1981. "A Meta-analysis of Outcome Studies of Visual-Based Instruction." *Educational Communication and Technology Journal* 29(1): 26–36.

Cohen, Peter A., James A. Kulik, and Chen-Lin C. Kulik. Summer 1982. "Educational Outcomes of Tutoring: A Meta-analysis of Findings." *American Educational Research Journal* 19: 237–48.

Combs, Arthur W. 1979. *Myths in Education: Beliefs That Hinder Progress and Their Alternatives*. Boston: Allyn & Bacon.

Combs, Howard W., and Graham Bourne. June 1989. "The Impact of Marketing Debates on Oral Communication Skills." *The Bulletin* 52: 21–25.

Cooper, Jim. May 1990. "Cooperative Learning and College Teaching: Tips from the Trenches." *The Teaching Professor* 4: 1–2.

Coscarelli, William C., and Gregory P. White. Summer 1982. "Applying the ID Process to the Guided Design Teaching Strategy." *Journal of Instructional Development* 5: 2–6.

Coscarelli, William C., and Gregory P. White. 1986. *The Guided Design Guidebook: Patterns in Implementation*. Morgantown, W.V.: National Center for Guided Design.

Costin, Frank. January 1972. "Lecturing versus Other Methods of Teaching: A Review of Research." *British Journal of Educational Technology* 3: 4–30.

Cowan, John. December 1984. "The Responsive Lecture: A Means of Supplementing Resource-

Based Instruction." *Educational Technology* 24: 18–21.

Cox, R. June 1967. "Resistance to Change in Examining." *Universities Quarterly* 21: 352–58.

Creed, Thomas. Winter 1986. "Why We Lecture." *Symposium: A Saint John's Faculty Journal* 5: 17–32.

Cross, K. Patricia. 1977. "Not Can, but Will College Teaching Be Improved?" In *Renewing and Evaluating Teaching*, edited by John A. Centra. New Directions for Higher Education No. 17. San Francisco: Jossey-Bass.

Cross, K. Patricia. April 1987. "Teaching for Learning." *AAHE Bulletin* 39: 3–7. ED 283 446. 6 pp. MF-01; PC-01.

Cross, K. Patricia. June 1988. "In Search of Zippers." *AAHE Bulletin* 40: 3–7. ED 299 895. 6 pp. MF-01; PC-01.

Cross, K. Patricia. Fall 1989. "Reforming Undergraduate Education One Class at a Time." *Teaching Excellence: Toward the Bes in the Academy*. Honolulu: Professional and Organizational Development in Higher Education.

Cross, K. Patricia., and Thomas A. Angelo. 1988. *Classroom Assessment Techniques: A Handbook for Faculty*. Ann Arbor, Mich.: National Center for Research to Improve Postsecondary Teaching and Learning. ED 317 097. 166 pp. MF-01; PC-07.

Cuban, Larry. November 1982. "Persistence of the Inevitable: The Teacher-Centered Classroom." *Education and Urban Society* 15: 26–41.

Davies, L.J. Fall 1983. "Teaching University Students How to Learn." *Improving College and University Teaching* 31: 160–65.

Davies, Norman F., and Margaret Omberg. April 1986. "Peer Group Teaching and the Composition Class." Revised version of a paper presented at an annual meeting of the International Association of Teachers of English as a Foreign Language. ED 274 159. 17 pp. MF-01; PC-01.

Davison, Joyce G. April 1984. "Real Tears: Using Role Plays and Simulations." *Curriculum Review* 23: 91–94.

Day, Susan. October 1989. "Producing Better Writers in Sociology Classes: A Test of the Writing-across-the-Curriculum Approach." *Teaching Sociology* 17: 458–64.

Dewey, John. 1924. *Democracy and Education*. New York: Macmillan.

Dewey, John. 1963. *Experience and Education*. New York: Collier Books.

Dillon, James T. November 1984. "Research on Questioning and Discussion." *Educational Leadership* 42: 50–56.

Dillon, James T. 1987. "The Multidisciplinary World of Questioning." In *Questions, Questioning Techniques, and Effective Teaching*, edited by William W. Wilen. Washington, D.C.: National Education Association.

Dougherty, Charles J. January 1981. "Philosophical Role-Playing." Teaching Philosophy 4: 39–45.

Dubin, Robert, and Thomas C. Taveggia. 1968. "The Teaching-Learning Paradox: A Comprehensive Analysis of College Teaching Methods." Eugene, Ore.: Center for the Advanced Study of Educational Administration. ED 026 966. 78 pp. MF-01; PC-04.

Duncombe, Sydney, and Michael H. Heikkinen. Winter 1988. "Role-Playing for Different Viewpoints." *College Teaching* 36: 3–5.

Dunkel, Patricia, and Sheryl Davy. 1989. "The Heuristic of Lecture Notetaking: Perceptions of American and International Students Regarding the Value and Practice of Notetaking." *English for Specific Purposes* 8: 33–50.

Eble, Kenneth E. 1976. *The Craft of Teaching*. San Francisco: Jossey-Bass.

Eble, Kenneth E. 1983. *The Aims of College Teaching*. San Francisco: Jossey-Bass.

Eisenberg, Carola. 1987. "The Stresses of Beginning Teaching." *On Teaching and Learning* 2: 17–21.

Eison, James. 1988. *Enhancing Student Study Skills: How College Faculty Can Help*. Cape Girardeau, Mo.: Southeast Missouri State Univ., Center for Teaching and Learning.

Eison, James. Winter 1990. "Confidence in the College Classroom: Ten Maxims for New Teachers." *College Teaching* 38: 21–25.

Eison, James, and Charles Bonwell. 1988. "Making Real the Promise of Active Learning." Paper presented at a national conference of the American Association for Higher Education, March 12, Washington, D.C.

Eison, James, Fred Janzow, and Charles Bonwell. Summer 1990. "Active Learning in Faculty Development Workshops: Or, Practicing What We Teach." *Journal of Staff, Program, and Organization Development* 8: 81–99.

Eison, James, and Howard Pollio. May 1989. "LOGO II: Bibliographic and Statistical Update." Mimeographed. Cape Girardeau, Mo.: Southeast Missouri State Univ., Center for Teaching and Learning.

Ekroth, Loren. Winter/Spring 1990. "Why Professors Don't Change." In *Teaching Excellence*. Honolulu: Univ. of Hawaii at Manoa, Center for Teaching Excellence.

El-Khawas, Elaine. September 1988. *Campus Trends, 1988*. Higher Education Panel Reports No. 77. Washington, D.C.: American Council on Education. ED 301 121. 70 pp. MF-01; PC-03.

Ellner, Carolyn L., and Carol P. Barnes. 1983. *Studies of College Teaching*. Lexington, Mass.: D.C. Heath & Co.

Erdle, Stephen, Harry G. Murray, and J. Philippe Rushton. August 1985. "Personality, Classroom Behavior, and Student Ratings of College Teaching Effectiveness: A Path Analysis." *Journal of Educational Psychology* 77: 394–407.

Ericksen, Stanford C. 1984. *The Essence of Good Teaching*. San Francisco: Jossey-Bass.

Erickson, G. 1986. "A Survey of Faculty Development Practices." In *To Improve the Academy*, edited by M. Svinicki. Stillwater, Okla.: Professional and Organizational Development Network in Higher Education and National Council for Staff, Program, and Organizational Development.

Eurich, Alvin C. Winter 1964. "The Commitment to Experiment and Innovate in College Teaching." *Educational Record* 45: 49–55.

Evans, Richard I., and Peter K. Leppmann. 1967. *Resistance to Innovation in Higher Education*. San Francisco: Jossey-Bass.

Feldman, Kenneth A. 1987. "Research Productivity and Scholarly Accomplishments of College Teachers as Related to Their Instructional Effectiveness: A Review and Exploration." *Research in Higher Education* 26(1): 227–98.

Ferrante, Reynolds, John Hayman, Mary Susan Carlson, and Harry Phillips. 1988. *Planning for Microcomputers in Higher Education: Strategies for the Next Generation*. ASHE-ERIC Higher Education Report No. 7. Washington, D.C.: Association for the Study of Higher Education. ED 308 796. 117 pp. MF-01; PC-05.

Fisher, Charles F. 1978. "Being There Vicariously by Case Studies." In *On College Teaching*, edited by Ohmer Milton. San Francisco: Jossey-Bass.

Fisher, Kathleen M. Fall 1979. "Lecturing Is a Personalized System of Instruction—For the Lecturer." *Journal of Instructional Development* 3: 9–15.

Fraas, John W. 1982. "The Use of Seven Simulation Activities in a College Economic Survey Course." Paper presented at the Economics in the Community College Workshop, October, Orlando, Florida. ED 227 028. 28 pp. MF-01; PC-02.

Frederick, Peter J. Spring 1986. "The Lively Lecture—Eight Variations." *College Teaching* 34: 43–50.

Frederick, Peter J. 1987. "Student Involvement: Active Learning in Large Classes." In *Teaching Large Classes Well*, edited by M.G. Weimer. New Directions for Teaching and Learning No. 32. San Francisco: Jossey-Bass.

Fuhrmann, Barbara Schneider, and Anthony F. Grasha. 1983. *A Practical Handbook for College Teachers*. Boston: Little, Brown & Co.

Gaff, Jerry G. 1975. *Toward Faculty Renewal*. San Francisco: Jossey-Bass.

Gage, N.L. 1963. *Handbook of Research on Teaching*. Chicago: Rand McNally.

Galbraith, John K. 1987. "How I Could Have Done Much Better." *On Teaching and Learning* 2: 1–4.

Gall, Meredith D. December 1970. "The Use of Questions in Teaching." *Review of Educational Research* 40: 707–21.

Gershen, Jay A. February 1983. "Use of Experiential Techniques in Interpersonal Skill Training." *Journal of Dental Education* 47: 72–75.

Gleason, Maryellen. Winter 1986. "Better Communication in Large Courses." *College Teaching* 34: 20–24.

Goldschmid, Barbara, and Marcel L. Goldschmid. 1976. "Peer Teaching in Higher Education: A Review." *Higher Education (Amsterdam)* 5: 9–33.

Goodlad, Sinclair, and Beverly Hirst. 1989. *Peer Tutoring: A Guide to Learning by Teaching*. New York: Nichols Publishing.

Green, Patricia J., and Joan S. Stark. 1986. *Approaches to Research on the Improvement of Postsecondary Teaching and Learning: A Working Paper*. Ann Arbor, Mich.: National Center for Research to Improve Postsecondary Teaching and Learning. ED 287 432. 24 pp. MF-01; PC-01.

Gregory, M.W. 1984. "What Should Introductory Courses Do?" In *Rejuvenating Introductory Courses*, edited by K.I. Spear. New Directions for Teaching and Learning No. 20. San Francisco: Jossey-Bass.

Hayes, John R. 1981. *The Complete Problem Solver*. Philadelphia: Franklin Institute Press.

Herwitz, David R. June 1987. "Teaching Skills in a Business Law Setting: A Course in Business Lawyering." *Journal of Legal Education* 37: 261–75.

Hinkle, S., and A. Hinkle. February 1990. "An Experimental Comparison of the Effects of Focused

Freewriting and Other Study Strategies on Lecture Comprehension." *Teaching of Psychology* 17: 31–35.

Hofstadter, Richard, and William Smith. 1961. *American Higher Education: A Documentary History*. 2 vol. Chicago: Univ. of Chicago Press.

Hoover, Kenneth H. 1980. *College Teaching Today: A Handbook for Postsecondary Instruction*. Boston: Allyn & Bacon.

House, Ernest R. 1974. *The Politics of Educational Innovation*. Berkeley, Cal.: McCutchan.

Hult, Richard E., Jr., Sharon Cohn, and David Potter. 1984. "Differential Effects of Note Taking Ability and Lecture Encoding Structure on Student Learning." Paper presented at an annual meeting of the Eastern Educational Research Association, February, West Palm Beach, Florida. ED 249 246. 12 pp. MF-01; PC-01.

Hyman, Ronald T. 1980. *Improving Discussion Leadership*. New York: Columbia Univ., Teachers College Press.

Jabker, Eugene H., and Ronald S. Halinski. July/August 1978. "Instructional Development and Faculty Rewards." *Journal of Higher Education* 49: 316–28.

Janes, Joseph, and Diane Hauer. 1987. *Now What? Readings on Surviving (and Even Enjoying) Your First Exprerience at College Teaching*. Littleton, Mass.: Copley Publishing Group.

Johnson, Eldon C. November 1985. "Role Playing in Business Communications." *Journal of Education for Business* 61: 60–63.

Johnson, Joseph, Jane Spalding, Roger Paden, and Abbie Ziffren. 1989. *Those Who Can: Undergraduate Programs to Prepare Arts and Sciences Majors for Teaching*. Washington, D.C.: Association of American Colleges. ED 316 682. 186 pp. MF-01; PC not available EDRS.

Johnston, Jerome, and Susan Gardner. 1989. *The Electronic Classroom in Higher Education: A Case for Change*. Ann Arbor: Univ. of Michigan, National Center for Research to Improve Postsecondary Teaching and Learning.

Katz, Joseph. 1985. "Teaching Based on Knowledge of Students." In *Teaching as Though Students Mattered*, edited by J. Katz. New Directions in Teaching and Learning No. 21. San Francisco: Jossey-Bass.

Katz, Joseph, and Mildred Henry. 1988. *Turning Professors into Teachers*. New York: American Council on Education/Macmillan.

Keller, George. January/February 1985. "Trees without Fruit: The Problem with Research about Higher Education." *Change* 17: 7–10.

Kelly, Brenda Wright, and Janis Holmes. April 1979. "The Guided Lecture Procedure." *Journal of Reading* 22: 602–4.

Kirkpatrick, Larry D., and Adele S. Pittendrigh. March 1984. "A Writing Teacher in the Physics Classroom." *The Physics Teacher* 22: 159–64.

Kleerx, Jan, ed. 1990. *English Blockbook*. Maastricht, The Netherlands: Dutch State School of Translation and Interpreting.

Kowalski, R. August 1987. "Teaching Less and Learning More? A Personal Experience." *Programmed Learning and Educational Technology* 24: 174–86.

Kraft, Robert G. Fall 1985. "Group-Inquiry Turns Passive Students Active." *College Teaching* 33: 149–54.

Kulik, Chen-Lin C., and James A. Kulik. Winter/Spring 1986. "Effectiveness of Computer-Based Education in Colleges." *Association for Educational Data Systems Journal* 19: 81–108.

Kulik, James A., and Chen-Lin C. Kulik. 1987. "Computer-Based Instruction: What 200 Evaluations Say." Paper presented at an annual convention of the Association for Educational Communications and Technology, February, Atlanta, Georgia. ED 285 521. 9 pp. MF-01; PC-01.

Lachs, Avraham. 1984. "Role Playing and the Case Method in Business Education." Mimeographed. ED 252 649. 24 pp. MF-01; PC-01.

Lambiotte, Judith G., Donald F. Dansereau, Thomas R. Rocklin, Bennett Fletcher, Velma I. Hythecker, Celia O. Larson, and Angela M. O'Donnell. January 1987. "Cooperative Learning and Test Taking: Transfer of Skills." *Contemporary Educational Psychology* 12: 52–61.

Langer, Judith A., and Arthur N. Applebee. 1987. *How Writing Shapes Thinking*. Urbana, Ill.: National Council of Teachers of English.

Levine, Arthur. 1978. *Handbook on Undergraduate Curriculum*. San Francisco: Jossey-Bass.

Lewis, Karron G., and Paul Woodward. 1984. "What Really Happens in Large University Classes?" Paper presented at an AERA annual conference, April, New Orleans, Louisiana. ED 245 590. 41 pp. MF-01; PC-02.

Lewis, Karron G., Paul Woodward, and James Bell. Winter 1988. "Teaching Business Communication Skills in Large Classes." *Journal of Business Communication* 25: 65–86.

Lindquist, J. May 1974. "Political Linkage: The Academic-Innovation Process." *Journal of Higher Education* 45: 323–43.

Lowman, Joseph. 1984. *Mastering the Techniques of Teaching*. San Francisco: Jossey-Bass.

Ma, James C. Fall 1989. "A Survey of Finance Department Computer Usage in the California State University and Colleges." *Journal of Financial Education* 18: 71–74.

McClain, Anita. Summer 1987. "Improving Lectures." *Journal of Optometric Education* 13: 18–20.

McCleery, William. 1986. *Conversations on the Character of Princeton*. Princeton, N.J.: Princeton Univ. Press.

McCoy, Joan, and Harlan Roedel. Winter 1985. "Drama in the Classroom: Putting Life in Technical Writing." *Technical Writing Teacher* 12: 11–17.

McDaniel, E.A. 1987. "Faculty Collaboration for Better Teaching: Adult Learning Principles Applied to Teaching Improvement." In *To Improve the Academy*, edited by Joanne Kurfiss. Stillwater, Okla.: Professional and Organizational Development Network in Higher Education.

MacGregor, Kim S., Jonathan Z. Shapiro, and Richard Niemiec. 1988. "Effects of a Computer-Augmented Learning Environment on Math Achievement for Students with Differing Cognitive Style." *Journal of Educational Computing Research* 4(4): 453–65.

McKeachie, Wilbert J., Paul R. Pintrich, Yi-Guang Lin, and David A.F. Smith. 1986. *Teaching and Learning in the College Classroom: A Review of the Research Literature*. Ann Arbor: Regents of The Univ. of Michigan. ED 314 999. 124 pp. MF-01; PC-05.

McTighe, Jay. 1985. "Questioning for Quality Thinking." Mimeographed. Baltimore: Maryland

State Dept. of Education, Div. of Instruction.

Madigan, Robert, and James Brosamer. February 1990. "Improving the Writing Skills of Students in Introductory Psychology." *Teaching of Psychology* 17: 27–30.

Mahler, Sophia, Lily Neumann, and Pinchas Tamir. Spring 1986. "The Class-Size Effect upon Activity and Cognitive Dimensions of Lessons in Higher Education." *Assessment and Evaluation in Higher Education* 11: 43–59.

Mauksch, Hans O. 1980. "What Are the Obstacles to Improving Quality Teaching?" In *Improving Teaching and Institutional Quality*. Current Issues in Higher Education No. 1. Washington, D.C.: American Association for Higher Education. ED 194 004. 63 pp. MF-01; PC-03.

Menges, Robert J. Spring 1988. "Research on Teaching and Learning: The Relevant and the Redundant." *Review of Higher Education* 11: 259–68.

Menges, Robert J., and William C. Rando. Spring 1989. "What Are Your Assumptions? Improving Instruction by Examining Theories." *College Teaching* 37: 54–60.

Meyer, G. January 1935. "An Experimental Study of the Old and New Types of Examination: Methods of Study." *Journal of Educational Psychology* 26: 30–40.

Michalak, Stanley J., Jr. Spring 1989. "Writing More, Learning Less?" *College Teaching* 37: 43–45.

Milton, Ohmer. 1968. "The State of the Establishment." In *Learning and the Professors*, edited by O. Milton and E.J. Shoben, Jr. Athens: Ohio Univ. Press.

Milton, Ohmer. 1985. *On College Teaching*. San Francisco: Jossey-Bass.

Milton, Ohmer, and James A. Eison. 1983. *Textbook Tests: Guidelines for Item Writing*. New York: Harper & Row.

Milton, Ohmer, Howard Pollio, and James Eison. 1986. *Making Sense of College Grades*. San Francisco: Jossey-Bass.

Moeller, Thomas G. December 1985. "Using Classroom Debates in Teaching Developmental Psychology." *Teaching of Psychology* 12: 207–9.

Mohr, L.B. March 1969. "Determinants of Innovation in Organizations." *American Political Science Review* 63: 111–26.

Moore, Shirley B. Winter 1977. "Large Classes: A Positive Point of View." *Improving College and University Teaching* 25: 20–21.

Myers, Linda L. Spring 1988. "Teachers as Models of Active Learning." *College Teaching* 36: 43–45.

National Association of Student Personnel Administrators. 1987. *A Perspective on Student Affairs: A Statement Issued on the 50th Anniversary of* The Student Personnel Point of View. Washington, D.C.: Author.

Newell, George E. October 1984. "Learning from Writing in two Content Areas: A Case Study/Protocol Analysis." *Research in the Teaching of English* 18: 265–87. ED 293 390. 28 pp. MF-01; PC-02.

Ney, James W. 1989. "Teaching English Grammar Using Collaborative Learning in University Courses." Tempe: Arizona State Univ. ED 311 463. 33 pp. MF-01; PC-02.

Okpala, N.P., and C.O. Onocha. 1988. "The Relative Effects of Two Instructional Methods on Students' Perceived Difficulty in Learning Physics Concepts." *Kenya Journal of Education* 4(1): 147–

61.
Osterman, Dean. 1984. "Designing an Alternative Teaching Approach (Feedback Lecture) through the Use of Guided Decision-Making." In *Instructional Development: The State of the Art, II*, edited by Ronald K. Bass and Charles R. Dills. Dubuque, Iowa: Kendall/Hunt Publishing Co. ED 298 903. 27 pp. MF-01; PC-02.
Osterman, Dean, Mark Christensen, and Betty Coffey. January 1985. "The Feedback Lecture." IDEA Paper No. 13. Manhattan: Kansas State Univ., Center for Faculty Evaluation & Development.
Paget, Neil. January 1988. "Using Case Methods Effectively." *Journal of Education for Business* 63: 175–80.
Penner, Jon G. 1984. *Why Many College Teachers Cannot Lecture*. Springfield, Ill.: Charles C. Thomas.
Perry, W.G. 1968. *Forms of Intellectual and Ethical Development in the College Years*. New York: Holt, Rhinehart & Winston.
Pollio, Howard R. 1987. "Practical Poetry: Metaphoric Thinking in Science, Art, Literature, and Nearly Everywhere Else." Teaching-Learning Issues No. 60. Knoxville: Univ. of Tennessee, Learning Research Center.
Pollio, Howard R. 1989. "Any Questions, Please?" Teaching-Learning Issues No. 66. Knoxville: Univ. of Tennessee, Learning Research Center.
Rabinowitz, Fredric E. April 1989. "Creating the Multiple Personality: An Experiential Demonstration for an Undergraduate Abnormal Psychology Class." *Teaching of Psychology* 16: 69–71.
Rau, William, and Barbara Sherman Heyl. April 1990. "Humanizing the College Classroom: Collaborative Learning and Social Organization among Students." *Teaching Sociology* 18: 141–55.
Riechmann, Sheryl Wetter, and Anthony F. Grasha. July 1974. "A Rational Approach to Developing and Assessing the Construct Validity of a Student Learning Style Scales Instrument." *Journal of Psychology* 87: 213–23.
Rogers, Everett M. 1983. *Diffusion of Innovations*. 3d rev. ed. New York: Free Press.
Rogers, Frances A. March/April 1987. "Videotapes as a Learning Tool in Biology." *Journal of College Science Teaching* 16: 458–61.
Romm, Tsilia, and Sophia Mahler. 1986. "A Three-Dimensional Model for Using Case Studies in the Academic Classroom." *Higher Education (Amsterdam)* 15: 677–96.
Romney, Marshall B. Spring 1984. "Teaching Accounting Information Systems Using a Case Study Approach." *Journal of Accounting Education* 2: 145–51.
Rosenshine, Barak. December 1968. "To Explain: A Review of Research." *Educational Leadership* 26: 303–9.
Rosenshine, Barak. August 1970. "Enthusiastic Teaching: A Research Review." *School Review* 78: 499–514.
Rowe, Mary Budd. 1974. "Wait Time and Rewards as Instructional Variables: Their Influence on Language, Logic, and Fate Control." *Journal of Research in Science Teaching* 11(2): 81–94.
Rowe, Mary Budd. 1980. "Pausing Principles and Their Effects on Reasoning in Science." In *Teaching the Sciences*, edited by Florence B. Brawer. New Directions for Community Colleges No. 31.

San Francisco: Jossey-Bass.

Rudolph, Frederick. 1962. *The American College and University: A History*. New York: Alfred A. Knopf.

Ruhl, Kathy L., Charles A. Hughes, and Patrick J. Schloss. Winter 1987. "Using the Pause Procedure to Enhance Lecture Recall." *Teacher Education and Special Education* 10: 14–18.

Rutherford, William L. 1977. "An Investigation of How Teachers' Concerns Influence Innovation Adoption." Revised version of a paper presented at an annual meeting of the American Educational Research Association, April, New York. ED 251 426. 31 pp. MF-01; PC-02.

Ryan, Michael P., and Gretchen G. Martens. 1989. *Planning a College Course: A Guidebook for the Graduate Teaching Asistant*. Ann Arbor, Mich.: National Center for Research to Improve Postsecondary Teaching and Learning.

Sanford, Nevitt S., ed. 1965. *The American College*. New York: John Wiley & Sons.

Schermer, Joy. Winter 1988. "Visual Media, Attitude Formation, and Attitude Change in Nursing Education." *Educational Communication and Technology Journal* 36: 197–210.

Schomberg, Steven F., ed. 1986. *Strategies for Active Teaching and Learning in University Classrooms*. Minneapolis: Univ. of Minnesota.

Schroeder, Hal, and David G. Ebert. April 1983. "Debates as a Business and Society Teaching Technique." *Journal of Business Education* 58: 266–69.

Shakhashiri, Bassam Z. November 1984. "Lecture Demonstrations." *Journal of Chemical Education* 61: 1010–11.

Siegfried, John J., and Rendigs Fels. September 1979. "Research on Teaching College Economics: A Survey." *Journal of Economic Literature* 17: 923–69.

Sistek, Vladimir. 1986. "How Much Do Our Students Learn by Attending Lectures?" Paper presented at an annual conference of the Society for Teaching and Learning in Higher Education, June, Guelph, Ontario. ED 271 079. 10 pp. MF-01; PC-01.

Slavin, Robert E. November 1983. "When Does Cooperative Learning Increase Student Achievement?" *Psychological Bulletin* 94: 429–45.

Smith, Stanley G., Loretta L. Jones, and Michael L. Waugh. Autumn 1986. "Production and Evaluation of Interactive Videodisc Lessons in Laboratory Instruction." *Journal of Computer-Based Instruction* 13: 117–21.

Stark, Joan S., Malcolm A. Lowther, Michael P. Ryan, Sally Smith Bomotti, Michele Genthon, Lynne C. Haven, and Gretchen G. Martens. 1988. *Reflections on Course Planning: Faculty and Students Consider Influences and Goals*. Ann Arbor, Mich.: National Center for Research to Improve Postsecondary Teaching and Learning. ED 316 067. 225 pp. MF-01; PC-09.

Stuart, John, and R.J.D. Rutherford. September 1978. "Medical Student Concentration during Lectures." *Lancet* 2: 514–16.

Study Group on the Conditions of Excellence in American Higher Education. 1984. *Involvement in Learning: Realizing the Potential of American Higher Education*. Washington, D.C.: National Institute of Education/U.S. Dept. of Education. ED 246 833. 127 pp. MF-01; PC-06.

Svinicki, Marilla D., and Nancy M. Dixon. Fall 1987. "The Kolb Model Modified for Classroom

Activities." *College Teaching* 35: 141–46.
Sweeney, M. Jane, John J. Siegfried, Jennie E. Raymond, and James T. Wilkinson. Fall 1983. "The Structure of the Introductory Economics Course in United States Colleges." *Journal of Economic Education* 14: 68–75.
Tanis, David O. November 1984. "Why I Do Demonstrations." *Journal of Chemical Education* 61: 1010–11.
Thielens, Wagner, Jr. 1987. "The Disciplines and Undergraduate Lecturing." Paper presented at an annual meeting of the American Educational Research Association, April, Washington, D.C. ED 286 436. 57 pp. MF-01; PC-03.
Tiberius, Richard G. 1990. *Small Group Teaching: A Trouble-Shooting Guide*. Toronto: Ontario Institute for Studies in Education.
Verner, Coolie, and Gary Dickinson. Winter 1967. "The Lecture: An Analysis and Review of Research." *Adult Education* 17: 85–100.
Wales, Charles E. February 1979. "Does How You Teach Make a Difference?" *Engineering Education* 69: 394–98.
Wales, Charles E., and Anne Nardi. November 1982. "Teaching Decision-Making with Guided Design." IDEA Paper No. 9. Manhattan: Kansas State Univ., Center for Faculty Evaluation & Development.
Wales, Charles E., Anne H. Nardi, and Robert A. Stager. 1987. *Thinking Skills: Making a Choice*. Morgantown, W.V.: Center for Guided Design.
Wales, Charles E., and Robert A. Stager. 1978. *The Guided Design Approach*. Englewood Cliffs, N.J.: Educational Technology Publications.
Ward, Thomas J., Jr., and Henry T. Clark III. 1987. "The Effect of Field Dependence and Outline Condition on Learning High- and Low-Structure Information from a Lecture." *Research in Higher Education* 27(3): 259–72.
Watkins, Beverly T. 6 June 1990a. "Colleges Test Case-Study Method to Help Future Teachers Cope with Real-Life Problems They Will Encounter on the Job." *Chronicle of Higher Education* 36: A13+.
Watkins, Beverly T. 18 July 1990b. "More and More Professors in Many Academic Disciplines Routinely Require Students to Do Extensive Writing." *Chronicle of Higher Education* 36: A13+.
Weimer, Maryellen Gleason. February 1989. "Who's Doing All the Work." *Teaching Professor* 3: 1.
Weimer, Maryellen Gleason. 1990. *Improving College Teaching*. San Francisco: Jossey-Bass.
Weimer, Maryellen Gleason, ed. 1987. *Teaching Large Classes Well*. New Directions for Teaching and Learning No. 32. San Francisco: Jossey-Bass.
Wenk, Virginia A., and Robert J. Menges. March/April 1985. "Using Classroom Questions Appropriately." *Nurse Educator* 10: 19–24.
Wheatley, Jack. April 1986. "The Use of Case Studies in the Science Classroom." *Journal of College Science Teaching* 15: 428–31.
Whiteman, Victor L., and Margaret Nielsen. Fall 1986. "An Experiment to Evaluate Drama as a Method for Teaching Social Work Research." *Journal of Social Work Education* 3: 31–42.

Whitman, Neal A. 1988. *Peer Teaching: To Teach Is to Learn Twice*. ASHE-ERIC Higher Education Report No. 4. Washington, D.C.: Association for the Study of Higher Education. ED 305 016. 103 pp. MF-01; PC-05.

Wilen, William W. 1986. *Questioning Skills for Teachers*. 2d ed. Washington, D.C.: National Education Association. ED 310 098. 35 pp. MF-01; PC not available EDRS.

Williams, Gwendoline. August 1985. "The Case Method: An Approach to Teaching and Learning." In *The Professional Preparation and Development of Educational Administrators in Commonwealth Developing Areas: A Symposium*. ED 276 135. 31 pp. MF-01; PC-02.

Wolfe, Joseph. September 1985. "The Teaching Effectiveness of Games in Collegiate Business Courses: A 1973–1983 Update." *Simulation-and-Games* 16: 251–58.

Wulff, Donald H., Jody D. Nyquist, and Robert D. Abbott. 1987. "Students' Perceptions of Large Classes." In *Teaching Large Classes Well*, edited by M.G. Weimer. New Directions in Teaching and Learning No. 32. San Francisco: Jossey-Bass.

Young, Art, and Todd Fulwiler, eds. 1986. *Writing across the Disciplines: Research into Practice*. Upper Montclair, N.J.: Boynton/Cook Publishers.

索引

アセスメント　96
アプリケーションカード　98
インセンティブ　65

ガイデッド・デザイン　43
ガイデッド・レクチャー　14
学習スタイル　98
協同学習　47
クリティカルシンキング　93
形成的評価　96
ケーススタディ　41
ゲーム　51
コンピュータを利用した教育　45

シミュレーション　51
総括的評価　96
即座に反応する講義　15

ティーチング・アシスタント　55
ディベート　49
テクノロジー　102
ドラマ　50

パートナーシップ　55
ピア・カウンセラー　55
ピア・チューター　55
ピア・チュータリング　55
ピア・ティーチング　55
フィードバック講義　13
ブレインストーミング　19, 28

ミニットペーパー　98
最も不明瞭な点　98
問題解決　41

容器-分配器モデル　62
予備知識チェック　97

ライティング　38
ラーニング・セル　55
リスク　70, 74, 77
レイク・ウォビゴン効果　65
ロールプレイ　51

ワーキング・グループ　55

FD（教員の能力開発）　5, 79
Think-Pair-Share　106
VARK　99

［大学名］
イリノイ州立大学　47
ウエストバージニア大学　43, 44
ウエストフィールド州立大学　56
オランダ国立翻訳通訳大学　37
オレゴン州立大学　13
カリフォルニア州立大学　47
セント・ジョーンズ大学　33
テキサス大学オースティン校　16
ドレイク大学　36
ハーバード大学　43
ハーバード・ロースクール　41, 52
東ミシガン州立大学　46
ペンシルベニア州立大学　18
マッギル大学　55, 56
ミシガン大学　45, 46
メリーランド州立大学　26
モンタナ州立大学　38
リンショーピング大学　56
ワシントン大学　69

＜著者紹介＞

チャールズ・ボンウェル（Charles Bonwell）

サウスイーストミズーリ州立大学歴史学名誉教授。同大学教育学習センター元所長。スタンフォード大学で機械工学の学士・修士号を取得後，カンザス州立大学で科学技術史の博士号を取得。1986 年 7 月に米国高等教育学会およびカーネギー財団から「傑出した教育リーダーシップ」を発揮した全国の教員 50 名に選出され表彰された。大学授業におけるアクティブラーニングの導入，協同学習に対する学生と教員の抵抗，学生の動機付け方，批判的思考と問題解決を教える学問的アプローチの開発などを取り上げた論文と書籍を多数執筆。米国と海外の 300 以上の教員グループと教育機関において自らの持つ専門知識・技術を共有するワークショップを開催している。

ジェームス・エイソン（James Eison）

南フロリダ大学教育学部教授。同大学授業改善センター初代所長。専門は高等教育。テネシー大学ノックスビル校で博士号を取得。1980 年に米国心理学会第二部から二年制大学の心理学教員に授与される教育賞の最初の受賞者となる。関心領域は教育方法，学習に影響を及ぼす学生の特質，アセスメント，試験と成績評価，教員の能力開発。多数の専門職団体で精力的に活動し，2000 年には高等教育職能・組織開発ネットワーク（Professional and Organizational Development Network in Higher Education）の会長を務めた。教育と学習を改善する方法について多くの大学教員と共同で研究と実践を進めている。

＜訳者紹介＞

高橋　悟（たかはし　さとる）
（エグゼクティブサマリー，第1章，第2章，第6章，補章，および監訳）

新潟大学教育・学生支援機構教授。ハーバード大学修士（教育学）。東京学芸大学博士（教育学）。国際協力機構（JICA），大阪成蹊短期大学等を経て現職。研究領域は PBL（problem-based learning），協同学習，英語教育，国際理解教育，国際開発・協力。主な論文に Unraveling the process and meaning of problem-based learning experiences. *Higher Education*, 66(1), 693–706.（第一共著者，2013）がある。

福本　章（ふくもと　あきら）（第3章，第4章）

大阪成蹊大学芸術学部准教授，ラーニングコモンズ副センター長，高等教育研究所主任研究員。岡山大学修士（経営学）。大手生命保険会社総合職，専門学校理事を経て現職。研究領域はキャリア教育，初年次教育，リメディアル教育，インターンシップ，組織経営。主な論文に「大阪成蹊大学芸術学部における初年次教育から始まる質保証の考察」大阪成蹊大学紀要，第2号，193–206.（第一共著者，2016）がある。

高橋　光希（たかはし　みつき）（第5章）

共立女子大学国際学部卒。学士（国際学）。専攻（ゼミ）は英語圏の文化/社会，ヨーロッパ研究。卒業論文（英文）のタイトルは "Current Immigration Issue in the U.K."

ISBN978-4-303-73484-8
最初に読みたいアクティブラーニングの本

2017年3月16日 初版発行　　　　　　　　　Ⓒ S. TAKAHASHI 2017

監訳者　高橋　悟　　　　　　　　　　　　　　　検印省略
発行者　岡田節夫
発行所　海文堂出版株式会社

　　　　　本　社　東京都文京区水道 2-5-4（〒112-0005）
　　　　　　　　　電話 03(3815)3291(代)　FAX 03(3815)3953
　　　　　　　　　http://www.kaibundo.jp/
　　　　　支　社　神戸市中央区元町通 3-5-10（〒650-0022）

日本書籍出版協会会員・工学書協会会員・自然科学書協会会員

PRINTED IN JAPAN　　　　　　　　　印刷　東光整版印刷／製本　誠製本

JCOPY ＜(社)出版者著作権管理機構　委託出版物＞

本書の無断複写は著作権法上での例外を除き禁じられています。複写される場合は、そのつど事前に、(社)出版者著作権管理機構（電話 03-3513-6969，FAX 03-3513-6979, e-mail: info@jcopy.or.jp）の許諾を得てください。